河南省高等职业学校青年骨干教师培养计划项目《"1+X"证书制度下早期教育专业人才培养标准及培养体系研究》（2020GZGG047）

河南省高校哲学社会科学创新团队项目（教师教育）（2021-CXTD-10）

2023年度教师教育课程改革研究项目《岗课赛证融合背景下学前教育专业人才培养模式改革研究与实践》（2023-JSJYZD-044）

卓越教师背景下
学前教育专业人才培养研究

黄俊 著

U0782894

天津出版传媒集团

天津科学技术出版社

图书在版编目（CIP）数据

卓越教师背景下学前教育专业人才培养研究 / 黄俊
著. -- 天津：天津科学技术出版社，2023.6
ISBN 978-7-5742-1348-7

Ⅰ.①卓… Ⅱ.①黄… Ⅲ.①学前教育－人才培养－
研究 Ⅳ.①G615

中国国家版本馆CIP数据核字(2023)第113756号

卓越教师背景下学前教育专业人才培养研究
ZHUOYUE JIAOSHI BEIJINGXIA XUEQIAN JIAOYU ZHUANYE RENCAI
PEIYANG YANJIU

责任编辑：刘　鸫
责任印制：兰　毅

出　　版：天津出版传媒集团
　　　　　天津科学技术出版社
地　　址：天津市西康路35号
邮　　编：300051
电　　话：（022）23332377
网　　址：www.tjkjcbs.com.cn
发　　行：新华书店经销
印　　刷：石家庄汇展印刷有限公司

开本 710×1000　1/16　印张 13.75　字数 220 000
2023年6月第1版第1次印刷
定价：78.00元

前　言

百年大计，教育为本；教育大计，教师为本。教育质量的高低在很大程度上取决于教师水平的高低。学前教育是学校教育的起始阶段，为学校教育起到重要的奠基作用。学前教育质量的水平将直接影响人一生的发展，甚至会对国家未来的发展产生重要影响。随着学前教育事业的不断发展，卓越教师背景下，国家对学前教育专业人才培养提出了更高的要求。目前，我国在学前教育专业人才培养方面还处于经验积累阶段，没有先进的、现成的模式可以借鉴。为此，在卓越教师背景下，探索符合我国国情的学前教育专业人才培养模式，符合时代发展的需求，且十分必要。卓越幼儿教师应该普遍具备积极的情绪状态及高尚的人文情怀，因此，高校学前教育专业的人才培养应从深厚的职业情感、远大的职业理想、坚定的职业信念等方面浸润与熏陶学生，使学生将其对教育事业的情感体验作为迈向卓越教师的重要动力。这样，高校学前教育专业的教师就能够在传递核心价值观和教育教学价值观的基础上有效激发学生对学前教育事业深沉的专业热情。在幼儿园教师职前培养环节，学前教育专业人才培养体系应以培养卓越幼儿教师为导向，从学前教育培养模式、课程设置、核心素养培育、实践能力培养等多个方面入手，积极探索学前教育专业人才培养的先进体系，为学前教育专业人才未来能够成为卓越幼儿教师奠定坚实基础。

本书分为理论筑基篇和实践提升篇两大部分，共包含七章内容。第一章对卓越教师的认知进行了阐释；第二章从学前教育基础知识、学前教育专业人才培养模式阐释、学前教育专业人才培养模式的改革创新等几个方面阐述了对学前教育专业人才培养的分析；第三章对相关理论依据进行了分析，深入分析了卓越教师培养、学前教育专业人才培养的相关理论依据；第四章对卓越教师背景下学前教育专业人才培养模式的构建进行了阐述；第五章就卓越教师背景下学前教育专业人才培养课程设置进行了分析；第六章主要论述卓越教师背景下学前教育专业人才核心素养培育；第七章是卓越教师背景下学前教育专业人才实践能力培养的相关论述。全书集系统性、科学性、新颖性于一体，知识性、专业性强，能够为卓越教师背景下学前教育专业人才的培养提供合理建议和科学指导。

本书在撰写过程中参考了部分专家、学者的研究成果和著作，在此表示衷心的感谢。由于时间仓促，水平有限，不足和缺陷之处在所难免，恳切希望广大读者、专家批评指正。

目　录

理论筑基篇

实践提升篇

理论筑基篇

第一章 剖析·关于卓越教师的认知

第一节 卓越教师及其培养计划

一、卓越教师的内涵阐析

在《新华字典》中，"卓"字的解释为：高超、不平凡；"越"字的解释为：跨越、超越。"卓越"的意思是优秀、卓尔不凡。对于卓越教师的理解并不应该是一成不变的，而应该是随着时代和社会的发展进步、教育的改革创新而不断变化的。对于卓越教师的内涵，虽然目前学术界还没有统一的界定，但从本质上来说，其包括以下方面（图1-1）。

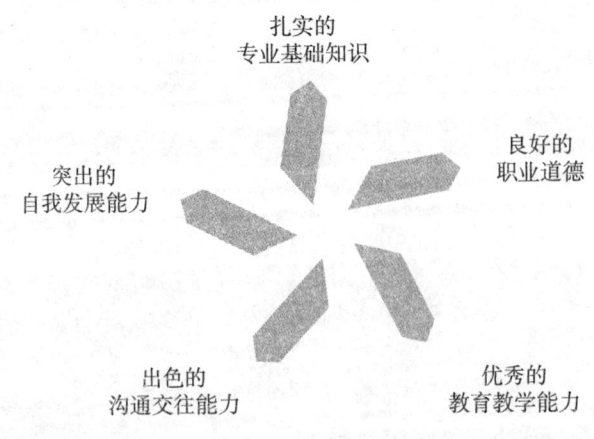

图 1-1　卓越教师的内涵

（一）扎实的专业知识

专业知识是一门知识结构体系的基础，作为一名合格的教师，学科专业知识的掌握是基本要求。对于卓越教师来说，扎实的专业知识是核心竞争力的体现，只有具备扎实的专业知识，才能对所学知识融会贯通，达到更好的教学效果。只有以不断学习的精神紧紧跟随时代发展的步伐，才能成为一名掌握广博的基础知识、扎实的专业知识、适应新时代发展需要的卓越教师。

（二）良好的职业道德

教师职业道德是指教师在其职业生活中所应该遵守的规范或准则，以及在此基础上所表现出来的观念意识和行为品质。对教师来说，具备高尚的师德师风，树立良好的职业道德观，真心热爱教育教学工作，甘于平凡、具有为教育事业献身的精神，才能够为学生树立良好形象和榜样。教师职业道德要求教师在教育教学和平时生活中能够积极关心学生、爱护学生，与学生建立良好和谐的师生关系，亦师亦友，不但要关心他们学习，更要关注他们的生活和内心，积极为他们排忧解难，帮助他们树立正确的世界观、人生观、价值观。爱岗敬业、潜心育人是卓越教师的基本操守，只有拥有高尚的道德情操和基本的职业道德，热爱教育事业并愿意为之奋斗和奉献终生，才能勇担教师职业责任，成为一名卓越教师。

（三）优秀的教育教学能力

优秀的教育教学能力是成就每一位优秀教师的关键能力素质。具体包括两个方面。一是拥有科学先进的教育教学理念。科学先进的教育教学理念是教师在长期教育教学实践中形成的关于教育的观念和理性信念。教育教学理念反映了教师对教育教学活动的思想信念和对教育教学活动的基本认知，科学先进的教育教学理念对卓越教师的专业发展具有非常重要的意义。二是具备扎实精湛的教育教学技能。教育教学技能是教师在教学中掌握并能够灵活运用的教学技巧，扎实精湛的教育教学技能需要教师在对教学理论和实践进行不断学习探索的基础上，总结形成自己独特、新颖的教学风格和方法。只有具备扎实精湛的教育教学技能，教师才可能在教学实施过程中不断进行总结和创新，培养出高素质、创新型的人才。

（四）出色的沟通交往能力

学生是教师沟通与交往的主要对象，只有具备出色的沟通交往能力，教师才能在教学开展过程中与学生形成有效的互动，构建良好的课堂教学氛围。此外，作为一名卓越教师，其在教育教学活动中，还要处理好与同事、学生家长、社会等方面的关系。教师要运用自己出色的沟通和交往能力，与同事一起进行教研活动。卓越教师必然成长于与同事构建的和谐合作关系之中，单枪匹马的教师不会是一位卓越教师，也很难取得教育方面的成功。教师与家长之间也需要进行有效的沟通。一方面，针对学生的教育问题为家长提供专业的帮助，另一方面，要从家长那里得到更多的理解和支持，共同促进学生的教育成长。教师的教学活动不仅仅局限于学校和课堂，教师还需要与社会各方建立必要的联系，比如其他学校、专业团体、相关社会机构等。这些关系的处理，对教师的教育教学来说也具有非常重要的意义。总之，卓越教师必须具备出色的沟通交往能力，只有这样，才能够在教育教学中取得成功。

（五）突出的自我发展能力

突出的自我发展能力是卓越教师的典型特征，也是卓越教师的必备条件。突出的自我发展能力体现在教师能够主动自觉地进行研究性学习与探索，善于在实践中反思自我、发现问题、分析与解决问题，进而在实践中提升自己。教师只有通过不断的实践与积极的反思，才能进一步丰富和完善自身已有的教育理论，更好地促进教育教学过程中自身理论与实践的有机结合。[1]

综上所述，卓越教师具有非常丰富的内涵，一名卓越教师的成长需要在教育教学实践中不断探索。作为一名卓越教师，应该恪守职业道德，坚守自己对教育事业的初心，不断提升自己的专业水平和知识修养。

---

[1] 黄俊，梁艳.卓越幼儿教师教育课程体系优化路径研究 [J].陕西学前师范学院学报，2018,34（11）：36-38,48.

二、卓越教师培养计划

卓越教师培养计划是中华人民共和国教育部（下文简称教育部）为适应教育改革和发展的需要，从 2014 年开始探索实施的人才培养计划。卓越教师培养计划的推行和实施，是多种因素共同推动的结果。

（一）卓越教师培养计划提出的相关背景

1. 国际背景

随着经济全球化的迅猛发展，世界开始进入知识经济时代，知识、科技、信息等在综合国力中的重要性日益显著，各国综合国力的角逐逐渐表现在高科技、高素质人才的竞争方面。教育作为人才培养的重中之重，其地位日益凸显；教师作为教育的基本要素和教育发展的推动者，也受到了前所未有的重视。2022 年 3 月，美国教育部联合各州、各学区以及诸多大学推出教师支持计划，旨在通过联邦救济资金支持等多种途径，储备能够胜任课堂教学、推动学校建设的教师。2022 年 10 月，英国政府对"国际合格教师资格"计划进行更新，将职前教师教育培训市场由英国国内拓展至海外，提升了其在全球竞争中的软实力。2022 年 7 月，法国提高对教师招聘的要求，规定从 2022 年起，具有硕士以上学位才能够应聘教师。2022 年 5 月，芬兰教育与文化部颁布《2022—2026 教师教育发展计划》，旨在满足新形势下教师教育的新需求，推动教师教育的进一步发展。由此可见，世界教师教育改革的号角已经吹响，卓越教师的培养与发展刻不容缓。

2. 国内背景

我国目前还处于发展国家行列，与发达国家相比，我国社会经济和科技的发展水平较为落后。21 世纪是知识经济时代，经济的发展和科技的进步都离不开信息技术的推动，而信息技术的发展需要大批优秀的创新型人才。我国目前正处于由人力资源大国向人力资源强国迈进阶段，急需大批拔尖的创新型人才。人才的发展离不开教育，而教育的发展离不开大批的卓越教师。随着我国教育改革的深入，我国教师培养也从单纯重视数量阶段转化到质量、数量都重视的阶段。百年大计，教育为本。教育是实现国家发展、民族振兴和社会进步的主要推动力，是建设富强、民主、文明、和谐社会的关键因素。

培养大批具有较高素质、较强专业化的卓越教师已经成为我国当前社会和教育发展的当务之急。

（二）卓越教师培养计划的探索之路

卓越教师培养计划的产生，源于我国教育改革和基础教育对优质教师资源的渴求。2001 年 6 月，教育部颁布《基础教育课程改革纲要（试行）》，《纲要》明确指出，中小学教师继续教育要以基础教育课程改革为核心内容；2004 年教育部颁布《中小学教师教育技术能力标准》；2007 年推行"免费师范生教育"计划，等等，其中心问题都是围绕培养卓越教师这一总目标展开的。2010 年教育部颁布实施的《国家中长期教育改革和发展规划纲要 (2010—2020)》明确把"培养一批拔尖创新人才"提到重要战略位置。2010 年，我国部分高校定点实施了"国培计划"，即中小学教师国家级培训计划。2012 年，在教育部的组织和带领下，我国多所师范院校申报了"'卓越教师'培养体制改革试点项目方案"，并结合我国高校的实际情况，推动"卓越教师"人才培养计划在多所高校的推广实施。2014 年，"卓越教师培养计划"全面启动，教师教育改革得以进一步深化，为我国高校教师培养质量的有效提高提供可靠保障。2018 年，教育部印发《关于实施卓越教师培养计划 2.0 的意见》，"卓越教师培养计划 2.0"（2014 年提出的卓越教师培养计划的升级版本）正式启动，该计划旨在为我国培养未来基础教育领域的优秀人才。

第二节　卓越教师的知识结构与角色定位

卓越教师要想使自身具有高动机、高眼光与高智慧的独特内涵，不仅要具有广博的知识，还需要具有科学优化的知识结构和在教学中恰当的角色定位。

一、卓越教师的知识结构

卓越教师的知识结构主要包括本体性知识、条件性知识、背景性知识和实践性知识几大部分（图 1-2）。

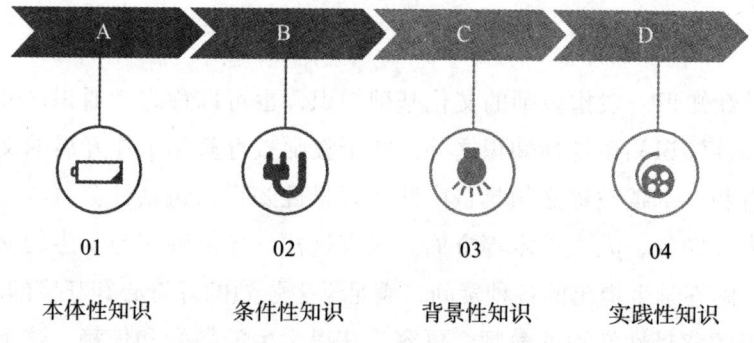

图 1-2　卓越教师的知识结构

（一）本体性知识

本体性知识一般指的是教师向学生教授的学科知识。本体性知识是教师最基础的专业知识，具备本体性知识也是教师实施教学活动的重要条件之一。这部分知识呈现出工具性的特点，是教师道德认知知识中的一部分，具有丰富的本体性知识是成为卓越教师不可或缺的条件。不同的学科和不同的学段，对教师的本体性知识也有不同的要求。总体上来说，教师的本体性知识一般包括三部分：其一，是学科的基本理论知识和其中蕴含思想方法；其二，是学科的发展历史和发展趋势；其三，是本学科与其他学科之间所蕴含的逻辑关系。

（二）条件性知识

条件性知识指的是教师所具有的包括教育学、心理学等在内的教育理论知识体系。卓越教师应该具备深厚的教育学理论知识，善于把握教育教学的内在规律，要能够结合学生的身心发展和认知特点，对学生进行有针对性的教学。教育学方面的理论知识能够帮助教师系统地了解教育目标、教育原则、教育过程、教育方法等相关教育理论，有助于教师更好把握教育教学总的规律，促进自身教学能力和教学水平的进一步提高。此外，心理学方面的理论知识能够帮助教师解释学生心理活动发生、发展的规律，教师具备丰富的心理学理论知识，就可以在熟悉学生心理的基础上，更好地组织开展教学活动和指导学生的学习生活等。

（三）背景性知识

背景性知识一般指教师的文化基础知识，也可以称之为通识性知识。其是除本体性知识和条件性知识之外，便于教师教育教学工作开展的文化基础知识的总和。卓越教师必须具备广博的背景性知识，包括社会科学、自然科学以及人文精神、人文学术等方面。只有这样，才能够在与学生的交往互动过程中，解答学生提出的各种疑问，满足学生强烈的好奇心和旺盛的求知欲。具有广博的背景性知识的教师，更容易获得学生的敬爱和信赖，这不仅有利于强化教师对学生的影响力，也有利于学生的学习与发展。当然，要求教师拥有广泛的知识涉猎面，并不是要求教师无所不知，这是不可能的，也是不现实的。教师需要做的，是在掌握本体性知识和条件性知识的前提下，对包括文学、历史、哲学、天文、地理、生物、数学、物理、化学等在内的各门科学文化知识都有所涉猎，形成自己宽广的知识面。

（四）实践性知识

教师的实践性知识来源于教师教学的实际过程，形成于教师长期的职业实践场景之中。教师的实践性知识既不是一种纯熟的技能，也不是一种具体的能力，而是教师在实践教学中形成的一种感知力和对实践情境的判断力，表现为教师在对待和处理教育问题时体现出的个人特征和教学智慧。实践性知识不同于教育理论知识，它具有明显的情境性，是教师对复杂和不断变动的教育情境的一种判断和处理，教师个人的经历、意识、风格以及行为方式都会对其产生影响。对于实践性知识来说，有的是明确意识的，是经过深思的；有的是无意识的或者是潜意识的，总之，其是一种反思的缄默知识。

二、卓越教师教学中的角色定位

卓越教师是教学活动的实施者，准确恰当的角色定位对卓越教师的教学工作能够起到正确的引领和指导作用，对卓越教师的发展具有重要的意义。卓越教师在教学中承担着多种角色（图1-3）。

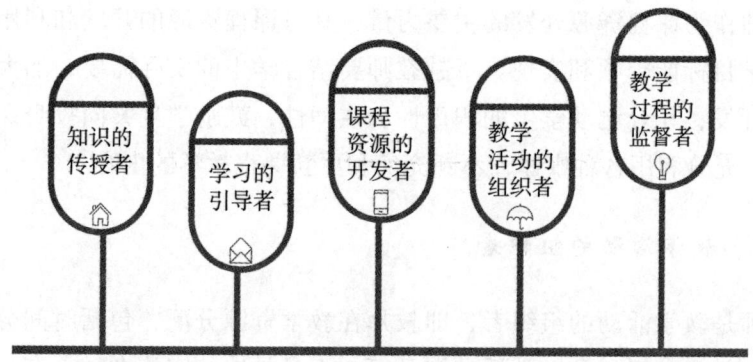

图 1-3　卓越教师教学中的角色定位

（一）知识的传授者

教师首先应该是知识的传授者。在教学过程中，教师要对学科基础知识和专业技能进行传授。传授知识是教师的一项重要职能，也是学校教育的一项基本功能。在新的教育背景和教学条件下，教师以往承担的知识传授者角色发生了变化，教学的重点从单独重视知识的传授转变为同时重视知识的传授和对学生创新与实践能力的培养。卓越教师应将其知识传授的功能充分发挥出来，针对学生的不同情况因材施教，实行差异性教育，注重学生个性的发展和整体素质的提高。

（二）学习的引导者

教师在教学过程中发挥着重要的引导功能，尤其是学生在面对全新的教材和学习中新的知识点的时候，需要教师加以指导和引领。教师引导能够强调学生的主体性，区别于以往传统教学模式的简单灌输和死记硬背，卓越教师更注重对学生的启发，为学生对教材的理解和内容的把握做指引，使其在老师引导的基础上，根据自己的理解加深对教材内容的理解和把握。

（三）课程资源的开发者

课程是教育目标和教育价值的体现，是学校教育的重中之重。课程资源是一个崭新的概念和课题，它是高校教学目标得以实现的重要基石。在教学中，教师作为课程资源开发的主要力量，其对课程资源的开发和利用关系到高校教学目标能否顺利实现。卓越教师要结合学生的实际需要，加大对课程资源的开发；充分调动学生的积极性和主动性，鼓励学生共同投身课程资源的开发；充分利用各种媒体，不断充实和更新课程教学的内容。

（四）教学活动的组织者

教师是教学活动的组织者，即教师在教学资源分配（包括时间分配、内容安排、学生分组）和教学活动展开等方面是具体的实施者。[①] 在教学活动开展过程中，教师需要合理地分配课堂教学的时间，采取合理的教学方式，激发学生学习的热情和动力。

（五）教学过程的监督者

在教学过程中，教师作为监督者，要通过有效的监督来完成课堂教学的目的，实现师生之间的协调共同发展。教师在培养学生创新思维和创新能力的同时，要注重对学生正直善良品格、助人为乐思想、坚强品德意志以及人文精神的培养，激发学生对学习的兴趣，唤起学生参与学习的主体意识，构建和谐的师生关系，促进师生的共同发展。

第三节　卓越教师培养的价值取向分析

卓越教师培养的价值取向是指卓越教师培养主体依据一定需要，对卓越教师培养做出价值选择和价值决策时所持的倾向。卓越教师培养的价值取向作为一种理念，直接指导卓越教师培养的具体行为。[②] 卓越教师培养的价值取向分析，对我国卓越教师的培养工作能够起到重要的导向和推动作用。卓越教师培养的价值取向主要体现在以下方面（图1-4）。

---

① 国秀丽,等.教师职业及教师角色调适[J].高考,2018,(27):1.
② 张馨予.谈卓越教师培养的应然价值取向[J].教书育人：高教论坛,2019（1）:2.

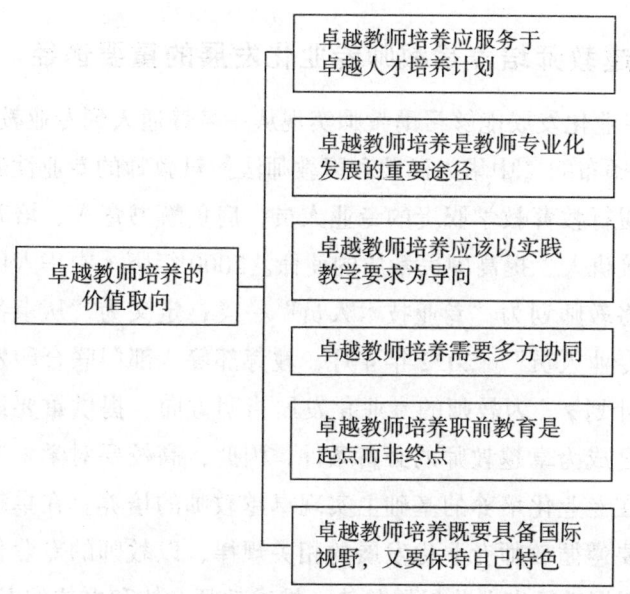

图 1-4　卓越教师培养的价值取向

一、卓越教师培养应服务于卓越人才培养计划

2010 年 6 月，国家颁布的《国家中长期人才发展规划纲要（2010—2020 年）》和《国家中长期教育改革和发展规划纲要（2010—2020 年）》，为我国实施卓越人才培养奠定基础。此后教育部和相关部门陆续开展了"卓越工程师教育培养计划""卓越法律人才教育培养计划""卓越医生教育培养计划""卓越农林人才教育培养计划"和"卓越教师教育培养计划"等培养计划。2011 年 12 月，中华人民共和国教育部、中国共产党中央委员会政法委员会发布《关于实施卓越法律人才教育培养计划的若干意见》；2012 年 5 月，中华人民共和国教育部、中华人民共和国国家卫生健康委员会发布《关于实施卓越医生教育培养计划的意见》；2013 年 11 月，中华人民共和国教育部、中华人民共和国农业农村部、国家林业和草原局发布《关于实施卓越农林人才教育培养计划的意见》。

"卓越教师培养计划"是我国推出的五个卓越人才教育培养计划中的重要环节，从总体上来说，卓越教师培养应该服务于我国卓越人才培养的总计划，把握卓越人才培养的规律和发展趋势，做好卓越教师培养工作，为国家的进步和发展做出贡献。

二、卓越教师培养是教师专业化发展的重要途径

教师的专业化发展能够帮助教师实现从一名普通人到专业教育者的转变。我国 1993 年颁布的《中华人民共和国教师法》对教师的专业性做出了明确规定：教师是履行教育教学职责的专业人员，肩负教书育人、培养社会主义事业建设者和接班人、提高国民素质的使命。2000 年版《中华人民共和国职业分类大典》将教师划为"专业技术人员"一类，定义为"从事各级各类教育教学工作的专业人员"。2022 年 4 月，教育部等八部门联合印发《新时代基础教育强师计划》，为教师的专业化发展指明方向，提供重要保障。教师的专业化是使之成为卓越教师的必备条件，因此，高校要对学生进行专业化方面的培养，在专业化培养的基础上实现卓越教师的培养。在卓越教师培养过程中，高校要遵循教师专业化发展的相关规律，以教师的专业化发展作为着力点，准确把握教师专业化发展趋势，推进教师个体和群体的专业化建设。

三、卓越教师培养应该以实践教学要求为导向

近年来，我国的教育改革强调加强实践教学环节，注重教师实践技能的提高，从政策到标准都规定了卓越教师培养对实践教学的要求，例如，2011 年，教育部颁布的《教师教育课程标准（试行）》规定，高校教育实践课程（教育见习和教育实习）应达到 18 周。2018 年，中华人民共和国国务院办公厅颁布的《教育部直属师范大学师范生免费教育实施办法》中明确提出，要"强化实践教学环节，完善师范生在校期间到中小学实习半年的制度"。卓越教师的培养要以实践教学要求为导向，切实做好卓越教师培养的实践教学安排，做好实践基地的建设工作，在学校、社会等各方面的配合下开展实践教学工作。

四、卓越教师培养需要多方协同

目前，我国卓越教师的培养主要有两种模式，一种是师范大学与中小学共同培养的模式，这种模式使中小学参与到大学教师教育人才的培养过程中，而不是单纯由师范院校作为单一培养主体。另一种是由大学、地方政府以及中小学共同参与的培养模式，这种模式能够充分发挥地方政府的职能，通过

地方政府将师范院校与中小学联系起来，搭建教师教育人才的培养平台，并为其提供政策以及经费等方面的支持。无论采取以上哪种方式，都需要政府、学校、社会等多方协同，不能把师范生的培养局限于课堂教学，而是应该与中小学、社会各界建立广泛的合作，为卓越教师的培养提供更多的基地和条件。在坚持多方协同的过程中，应明确政府、高师院校和中小学三方责权关系，这样有利于在实践环节提高合作的针对性和实效性。例如，高校可以通过聘请优秀中小学教师在高校兼职任教的方式，建设"双师型"和"双导师"的师资队伍，进行"校内"与"校外"的双向指导，构建长期稳定的"课堂—课外—校外"立体交叉的技能训练体系。

五、卓越教师培养职前教育是起点而非终点

从教师的成长过程和发展规律来看，卓越教师的培养绝不是一朝一夕的事情，从一名师范生到卓越教师的成长需要经历职前、职后的不断学习和磨炼，仅仅依靠师范院校的职前培养实现从师范生到卓越教师的转变并不现实。所以说，职前教育在卓越教师的培养过程中是起点而不是终点。师范院校的学生在职前培养的过程中具有双重身份，一方面，他们是学生，是受教育者和高校的培养对象；另一方面，他们是未来的教师，教书育人将是他们将来主要的工作职责。

现阶段，国家对卓越教师的培养以各大师范院校实行卓越教师培养计划为起点。各大师范院校对这一计划的实施现被定性为打基础的阶段，这一取向要求实施卓越教师培养计划的相关单位应以职前培养阶段的需要与特点，确定重点支持的目标与领域。高校教师在教学一线开展教学活动时，难免因缺乏经验而束手无策，对此，这些教师需要不断积累教学经验、提升教学水平、及时更新教育教学方面的知识和理念。在师范院校学习是师范生发展专业的开端，师范生应认真学习专业知识，努力进行专业训练，为未来组织开展教学工作和在教育领域长远发展做出充分准备。因此，在面向未来的卓越教师开展职业培养工作时，应将重点放在完善其知识结构（包括学科知识、教育知识、通识知识），从教能力，训练学科能力上，从而使未来的卓越教师具备可持续发展的能力与较高的专业素质基础。

六、卓越教师培养既要具备国际视野，又要保持中国特色

一方面，卓越教师的培养要具备国际视野。随着经济与科学技术的发展，世界各国之间的交流日益频繁。20世纪80年代末，美、英、澳等国陆续开始对卓越教师培养的探索。相对来说，我国起步较晚，我国卓越教师培养需要打开眼界，借鉴先进国家卓越教师培养方面的先进经验，了解世界卓越教师培养的发展趋势。在国际化背景下，只有具备国际视野，培养出来的卓越教师才能适应不断变化发展的国际趋势的需要，在承担育人责任的同时致力于人类基本价值的传递、人类责任感的培育和人类合作意识的提升，以先进的教育理念和教育方法，培育优秀人才。

另一方面，卓越教师的培养要保持中国特色。在卓越教师培养方面，由于我国国情复杂，在培养模式、培养体制等方面与国外相比必然存在很大不同。因此我国在卓越教师培养过程中不能简单照搬照抄其他国家的现成经验，而应该结合我国实际国情，立足中华优秀传统文化土壤，建立具有中国特色的卓越教师培养体系。

第二章　阐发·学前教育专业人才培养分析

第一节　学前教育基础知识

学前教育是家长及幼师利用各种方法、实物开发学前儿童的智力，有系统、有计划且科学地对他们的大脑进行各种刺激，使其大脑各部位的功能逐渐完善的教育。[①]

一、学前教育的性质与特点

学前教育作为具体的教育形式与基础的教育阶段之一，对人的发展具有持久而深刻的影响，其在学前儿童的培养过程中具有鲜明的性质和特点。

（一）学前教育的基本性质

学前教育对于学前儿童的个体发展能够起到重要的奠基作用，在我国颁布的《国家中长期教育改革和发展规划纲要（2010—2020年）》《中华人民共和国学前教育法草案（征求意见稿）》等相关文件中，对学前教育的性质做出了相关规定。总体来说，学前教育的基本性质主要包括以下两个方面（图2-1）。

---

① 苏卫涛．高职学前教育专业学生职业核心能力培养研究[M].长春：东北师范大学出版社，2017：2.

图 2-1 学前教育的基本性质

1.学前教育是具有公益性质的公共福利事业

从世界范围来看，尽管各个国家学前教育的发展状况不同，对学前教育的支持和投入程度也各不相同，但是从总体上来看，学前教育普遍具有造福公众、服务社会的公益性质。我国学前教育最开始作为企事业单位的福利机构而存在，随着时代的发展，虽然很多幼儿园已经从企事业单位中剥离出来，福利性质逐渐减退，但其公益性质一直是国家所倡导的。随着学前教育的发展，其公益性质已经不仅仅表现在减免学费、解除家长的后顾之忧等方面，还表现在积极维护儿童权益、保障其幸福健康成长等方面。学前教育的公益性质是由其社会功能决定的，它不仅能够给学前儿童以及学前儿童的家庭带来益处，而且在减少犯罪、提高国民整体素质方面具有非常重要的作用。

2.学前教育在教育任务中承担着基础作用

学前教育是基础教育的一部分，也是我国社会主义教育事业的重要组成部分，能够为学生以后的学校教育和终身教育打下良好的基础。学前教育在人的发展历程中属于最早的教育，它对人以后的发展具有深远的影响。学前时期是儿童发展的关键时期，这一时期的儿童具有很强的可塑性，其体力、智力、语言等各方面都处于迅速发展的时期，适宜的学前教育对学前儿童来说尤为重要。[①] 学前教育的基础性是由这一阶段的教育任务所决定的，主要有两方面内容。一方面，学前教育要做好对学前儿童的照料和看护的保育工作，另一方面，学前教育要做好对学前儿童的教育工作，要通过多种形式的活动，培养学生正确的行为习惯、良好的品格，为以后教育的开展和学前儿

---

① 冯晓霞,周兢.构筑国家财富——联合国教科文组织首届世界幼儿保育和教育大会简介 [J].学前教育研究,2011,(1):20-28.

童的发展做好奠基工作。

（二）学前教育的主要特点

学前教育与教育体系中的其他阶段相比，具有鲜明的特点，其主要特点如下（图2-2）。

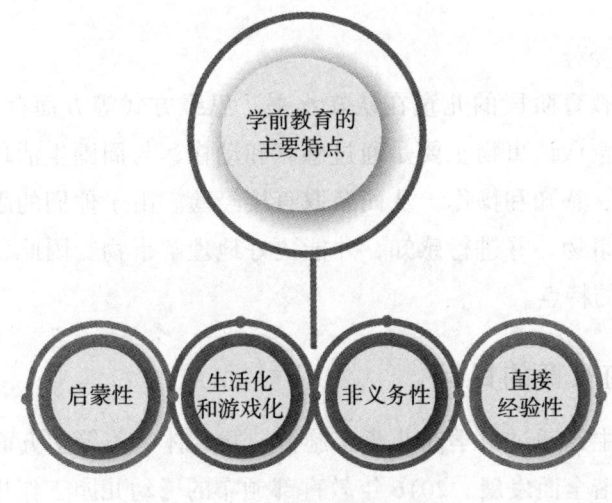

图 2-2　学前教育的主要特点

1.启蒙性

学前教育阶段的学生对客观世界的认识还处于启蒙阶段，这一阶段还不宜对他们进行分门别类的系统科学知识的教育。这一时期的学生正处于对世界充分好奇、主动探索的时期，这一时期的教育具有明显的启蒙性的特点，需要结合学前儿童的现实发展情况，采取循序渐进的教育原则，使学前儿童在体力、智力、品德、情感等各方面都能够得到全面均衡的发展。

2.生活化和游戏化

学前教育阶段的目的主要是为学生适应以后的学校生活打下基础，而不是知识的传授，因此，这一时期的教育具有生活化和游戏化的特点。一方面，学前教育时期的教育内容主要以学前儿童生活中的内容为主，活动内容的实施贯穿于整个学前教育时期，能够使学前儿童在生活中学习，在学习中生活，充分体现学前教育的价值。另一方面，学前教育的活动设计大多以游戏的形式为主，其目的是通过游戏化的虚拟场景引导学前儿童加深对周围世界的认知。

3.非义务性

学前教育不属于义务教育的范畴，家长可以根据家庭和学前儿童的实际情况自愿选择是否到幼儿园接受学前教育，不具有强制性质。并且，家长也可以自由选择送孩子到哪所幼儿园接受学前教育。学前儿童在幼儿园进行的学前教育也是相对自由和自主的，幼儿园不会对学前儿童进行强制性的课程学习。

4.直接经验性

由于学前教育阶段的儿童在认知水平、思维方式等方面存在一定欠缺，因此，学前儿童认识事物主要是通过感官和动作，与周围生活环境中的事物进行直接接触、感知和操作，从而获取直接经验。由于他们的思维方式决定了只有接触到事物，并进行感知，才能更好地理解事物，因此，学前教育具有直接经验性的特点。

二、学前教育的目标

学前教育主要通过对学前儿童实施德、智、体、美等多方面的教育来促进其身心的和谐全面发展。2016 年教育部颁布的《幼儿园工作规程》对学前教育工作的主要目标做出了如下规定。

（1）促进幼儿身体正常发育和机能的协调发展，增强体质，促进心理健康，培养良好的生活习惯、卫生习惯和参加体育活动的兴趣。

（2）发展幼儿智力，培养正确运用感官和运用语言交往的基本能力，增进对环境的认识，培养有益的兴趣和求知欲望，培养初步的动手探究能力。

（3）萌发幼儿爱祖国、爱家乡、爱集体、爱劳动、爱科学的情感，培养诚实、自信、友爱、勇敢、勤学、好问、爱护公物、克服困难、讲礼貌、守纪律等良好的品德行为和习惯，以及活泼开朗的性格。

（4）培养幼儿初步感受美和表现美的情趣和能力。

三、学前教育的主要原则

根据学前儿童的发展特点来制定学前教育的原则，有利于他们更好地适应学前教育环境。其主要原则如下（图 2-3）。

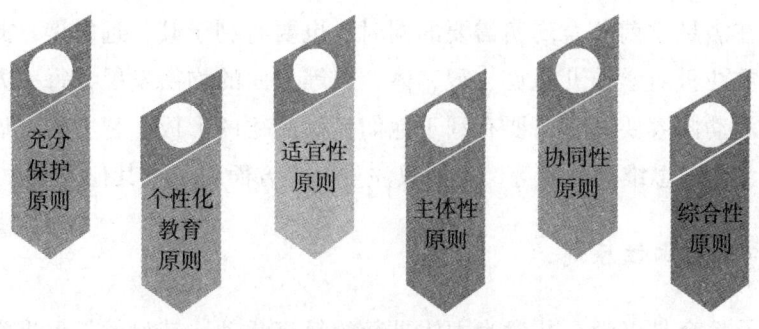

图 2-3　学前教育的主要原则

（一）充分保护原则

学前教育要充分保护儿童的合法权益和人格尊严。学前儿童由于年龄、认知等方面的限制，他们的权益需要成人的教育和保护。家庭、学前教育机构和社会要充分保护学前儿童的生存权、受教育权、受抚养权、发展权等多项权利，保障学前儿童的合法权益不受侵犯。此外，学前儿童具有独立的人格，他们作为社会的一员，和成年人一样享有人格方面的尊严。因此，家庭、学前教育机构和社会必须把学前儿童作为具有独立人格的人来对待，充分尊重他们的兴趣、爱好、思想等人格尊严，禁止盲目指责、辱骂殴打学前儿童。

（二）个性化教育原则

个性化教育原则指的是在学前教育过程中，教师根据学前儿童的个体差异，有针对性地设计和安排教学活动。在具体教学过程中，个性化教育原则的贯彻，需要教师具有高度的责任感，教师要充分了解每一个学前儿童的性格特点，充分尊重他们的自主性和独立性，充分保护他们的好奇心，促进他们个性化的多样发展。

（三）适宜性原则

在学前教育过程中，要坚持适宜性原则，教师要以促进学前儿童身心健康和谐发展作为学前教育的出发点和落脚点，学前教育课程和活动的设计要符合学前儿童的认知特点和智力水平，不能盲目滞后，也不能随意拔高。学前教育在满足学前儿童现实需要的同时，也要有利于其长远发展。此外，学前教育要注重对学前儿童德、智、体、美等方面的均衡发展，每一方面安排的教学活动内容要适宜，要有利于他们良好品德的形成、智力的发展、体魄的健康、艺术思维的开发等，不能只注重一个方面而忽视其他方面。

（四）主体性原则

学前教育是以学前儿童为主体进行的教育活动，其目的是促进学前儿童身心的和谐健康发展。在学前教育过程中，教师要坚持主体性原则，课程和活动的设计要充分考虑学前儿童的发展特点，考虑其实际需要和兴趣意愿，激发学前儿童的积极性、主动性和创造性。在学前教育过程中，教师要把学前儿童置于教育活动的主体地位，注重学前儿童的主体性需求和学前儿童主体性的发挥。教师要扮演好环境创设者、过程观察者、学习引导者的角色，尊重学前儿童的自主意识，让儿童真正成为学习和活动的主人。

学前儿童是独立存在的个体，具有主观意志。其在接受知识的过程中，并不只是简单被动地接受，而是具有自己的主观意识，其能够在经过考虑之后做出判断。学前儿童在教育活动中具有主体需求与责权，学前儿童主体性的根源在于个体需求与责权的统一。学前儿童是认识世界和改造世界的独立主体，在教育教学活动中，其具有学习的自主需求和动力、拥有享受相关需求的权利。

（五）协同性原则

在学前教育过程中，学前教育机构、社区、家庭要坚持协同性原则，充分发挥各自作用，积极协作、密切配合，形成教育合力，共同促进学前儿童身心的健康和谐发展。

学前教育机构是学前教育的主阵地，承担着学前儿童教育的主体责任。为更好完成教育任务，促进幼儿全面成长，学前教育机构应与家庭、社会积极合作，共同发挥各自在幼儿成长过程中不同的引导和教育作用。学前教育机构在开展学前教育工作时，应保持开放的态度，与社区、家庭之间构建密切的联系。这不仅是社会发展的客观要求，而且是学前教育事业持续发展的内在需要。

社区的教育资源往往十分丰富，社区的参与能赋予学前教育机构时代气息，使其更加生动。通过与社区合作获取社区各类教育资源的支持，学前教育机构可以为学前儿童提供接触社会大课堂的机会。例如，参观社区设施、去慰问敬老院的爷爷奶奶，等等。这些活动对学前儿童具有重要的教育意义和影响。

父母是孩子最好的老师，家庭是儿童成长发展过程中的第一所学校，因此，家庭在学前教育中发挥着重要作用。家庭教育是一切教育发挥作用的前提，具有基础性，学前教育离不开家庭的辅助和配合，通过学前教育机构与家庭之间的合作，能够使学前教育课程计划的可行性、课程实施的适宜性、教育的连续性和有效性都得到保证。

（六）整合性原则

学前教育需要坚持整合性的原则，我们要把学前教育看作是一个整体，在此过程中，教师要充分整合各种要素，促进学前儿童身心健康和谐发展。首先，在学前教育过程中，教师要注意对活动目标的整合。学前教育活动目标的确立要建立在对学前儿童全面培养和发展的基础上，不能单纯注重知识的获取，应该全面考虑学前儿童习惯、个性、情感、意志等各方面的综合发展和提高。其次，在学前教育过程中，教师要注意对活动内容的整合。学前教育活动内容的整合要以目标的整合为指导和前提，注意对同一领域之中不同内容的整合或者不同领域之间内容的整合。例如，在语言领域，既要注意对这一领域中语言知识的学习、语言的运用、语言能力的培养等不同教育内容进行整合，又要注意将语言领域与科学领域、社会领域、艺术领域等不同领域的学习内容整合起来。再次，在学前教育过程中，教师要注意对活动形式和过程的整合。学前教育活动要将集体活动、小组活动、个体活动加以整合，注意学前教育活动、日常生活、游戏之间的互补，通过各种活动形式的整合对学前儿童的成长产生积极的影响。教师的教学过程同样要坚持整合性的原则，教学活动的开发、设计、实施之间不能彼此割裂，要相互联系，作为一个整体来协同促进学前儿童的全面发展。最后，在学前教育过程中，教师要注意对教育资源的整合。对教育资源进行整合有利于拓展学前教育的空间，丰富学前教育的内容、形式、手段等，有利于多方有机协调，对学前儿童的成长进行有效的促进。

四、学前教育的价值分析

目前，学前教育在世界范围内得到了普遍关注，我国在实施科教兴国战略、大力推进素质教育的过程中也加大了对学前教育的重视程度。综合来看，学前教育的价值主要表现在以下几个方面（图 2-4）。

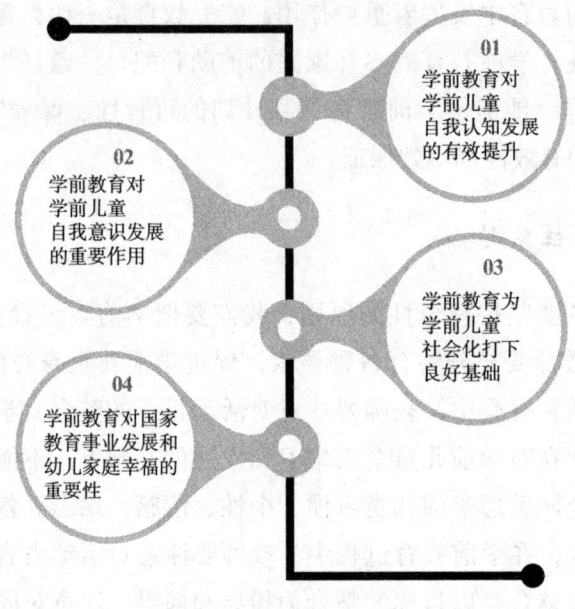

图 2-4　学前教育的价值

（一）学前教育对学前儿童认知发展的有效提升

在人的认知发展阶段中，学前时期是认知发展最为重要、最为迅速的阶段，这一时期的认知对于以后的认知发展能够起到良好的奠基作用。学前儿童在认知方面具有巨大的学习潜力。例如，1 周岁左右的幼儿已经能够辨别物体的数量、颜色、大小等；2～3 周岁是幼儿口头语言发展的关键时期；4～6 周岁是幼儿对图像的视觉辨认、形状知觉形成的关键时期；5～6 周岁是幼儿对概念、词汇量等掌握的重要时期。此外，学前时期也是人的好奇心、求知欲、想象力和创造力等非智力因素形成和发展的关键时期。因此，这一时期的教育能够帮助学前儿童获得认知方面的发展和提升，并且，这一时期的教育也能够帮助儿童形成强烈的学习动机、培养正确的学习态度、养成良好的学习习惯，对学前儿童的认知发展及终身学习理念的养成具有重大影响。学前教育在人的一生中占据了极其重要的地位，我们必须抓住这一关键时期，给儿童以良好的教育，促进其顺利发展。

（二）学前教育对学前儿童自我意识发展的重要作用

自我意识是指个体对于自己以及自己和周围事物关系的一种认识，尤其是对人我关系的一种理解。学前儿童自我意识的发展是一个复杂、长久的过程，自我意识的强弱对学前儿童以后的成长和发展具有重要影响。自我意识的发展不仅包括身体意识、感觉意识的发展，还包括情绪意识、情感意识等方面的发展。儿童自我意识的发展需要建立在其能够明白自己是一个独立主体的基础上，因此，2 周岁以前的儿童是没有自我意识的；2～3 周岁随着儿童语言的发展，他们能够运用代名词"我"来表达自己的愿望，是儿童自我意识萌芽的重要标志；3～4 周岁，儿童的自我评价逐渐发展；4～5 周岁，儿童的自我体验、自我控制逐渐开始发展。学前教育具有促进学前儿童自我意识发展的重要作用，其能够结合学前儿童不同年龄阶段的特点，让学前儿童体验并掌握与身体感觉、情感相关的一些概念和技能。比如使他们知道身体各部分的名称、区别它们的功能；知道不同的人有不同于他人的外表，如肤色、眼睛和高度差异；让他们讨论嗅觉、味觉、触觉、听觉和视觉，使他们有具体的感觉体验；让他们知道身体会疲劳、生病，使他们认识身体与生理病痛之间的关系。

（三）学前教育为学前儿童社会化打下良好基础

随着幼儿的不断成长和变化，其社会化程度也在逐步发展和提高。学前时期是儿童社会化的关键时期，在此时采取恰当的方式和方法对其进行学前教育，能够为学前儿童社会化打下良好的基础。学前时期正是学生的行为习惯、性格等初步形成的时期，这一时期，他们会受到成长环境、教育环境等外界因素的影响，以及会与周边人进行接触、交往，这些都会为学前儿童性格、人格的形成奠定基础，是他们社会化中必经的过程。在学前时期为学前儿童开展适宜的学前教育工作，引导学前儿童形成谦逊有礼、团结友善、乐于助人的优良品行具有重要意义。在对学前儿童习惯、品行进行培养和塑造的过程中，教师要注意以充满友爱和人性化的态度积极引导他们，同时教师要通过自己的言行，在潜移默化中影响他们，为学前儿童的成长和发展提供良好的环境，帮助他们逐渐形成活泼开朗、积极乐观的性格特点，为他们以后适应生活、走向社会打下良好的基础。

（四）学前教育对国家教育事业发展和幼儿家庭幸福的重要性

学前教育工作的开展不仅有助于学前儿童健康成长发育，而且对幼儿的家庭幸福和国家教育事业的发展具有重要意义。

1.对国家教育事业发展的重要性

学前教育是我国学制的第一阶段，也是我国基础教育的开端。学前教育能够为儿童以后进入小学学习、适应小学生活做好准备，为儿童进入小学后身体、情感等各方面的发展打下基础，使其顺利实现由学前教育阶段向小学教育阶段的过渡。学前教育作为我国教育的开端，对儿童的一生影响深远，这一时期是儿童个性发展、性格养成的基础时期，良好的学前教育能够为终身教育打下坚实的基础。总的来说，学前教育对国家教育事业的发展具有重要意义。

2.对幼儿家庭幸福的重要性

首先，学前教育工作的开展对家庭的和谐有积极作用。每个幼儿都与一个或多个家庭密切相关，幼儿的健康成长不仅是每个家长重点关注的内容，而且也与家庭生活的幸福和谐密切相关。因此，学前教育的质量对每个家长、每个家庭乃至整个社会都十分重要。其次，学校开展学前教育能在很大程度上填补家庭在学前教育方面的空缺。每个家长都十分重视孩子的成长发展，但由于很多家长不具备专业的幼儿教育知识和技能，家庭教育往往缺乏针对性。而教育机构能够向幼儿提供专业性强、针对性强的教育，能够根据处于不同成长阶段、具备不同个性特点的幼儿选择适当的教育方法和内容。教育机构的人文环境、物质环境都是家庭无法提供的。教育机构中专业教师组织开展的专门性活动，能促进幼儿在生理与心理方面更科学、更全面地发展。学前教育机构成员结构多元，能为幼儿提供一个小的社会环境，对发展幼儿的社会性十分有帮助，这一点是家庭教育无法做到的。所以说，学前教育不仅能补充家庭教育，而且能为幼儿、家庭、社会的稳定、长远发展提供可靠支持。

综上所述，在不同时代背景和社会环境中，学前教育有不同的价值。作为教育必不可少的开端部分，学前教育在教育中发挥的作用不可被其他任何教育所替代，它具有一定的教育价值。作为教育的基础和起步阶段，学前教育不但与幼儿的全面发展密切相关，而且与社会进步、国家富强密切相关。另外，终身教育观要求我们重视学前教育在当下和未来的发展，要求我们立足理论与实践两个层面发展学前教育，为实现幼儿幸福成长、身心健康发展而努力奋斗。

第二节　学前教育专业人才培养模式阐释

学前教育在当代教育体系中占有重要的位置，学前教育质量的优劣对后期的基础教育具有直接影响。随着国家对学前教育的重视，学前教育专业人才培养模式的改革与创新也日益成为高校学前教育专业的重要任务之一。下面主要对学前教育专业人才培养模式的内涵、主要特征等方面进行阐释。

一、学前教育专业人才培养模式的内涵

学前教育专业人才培养模式指的是高校根据学前教育的需求情况所确立的人才培养的定型化实践模式，一般包括人才培养目标、课程体系、教学方式以及评价体系等几个方面（图2-5）。

图2-5　学前教育专业人才培养模式的内涵

（一）正确的人才培养目标

人才培养目标是指在一定的教育思想观念下，高校相关专业对学生的知识结构、能力素质等方面提出的具体化的标准和要求。在学前教育专业人才培养模式中，人才培养目标是根本出发点和落脚点，有了正确的人才培养目标，才能够建立有效的人才培养模式。因此，确立正确的学前教育专业人才培养目标是高校学前教育专业的基本要求。人才培养目标主要回答"培养什么规格和质量的人才"的问题，一定的人才培养模式是服务于实现一定的人才培养目标的，因而人才培养目标又是专业设置、课程设置和选择教学制度的前提。[①] 我国高校学前教育专业人才培养目标的重点是要培养适应学前教育改革创新需要的德、智、体、美全面发展的优秀人才，培养既要掌握学前教育的基本理论、相关专业知识、基本技能，又要具备创新精神和实践能力的高素质、专业化人才。

（二）完善的课程体系

完善的课程体系是实现学前教育专业人才培养目标的根本途径，因此，学前教育人才培养的课程设置必须符合人才培养目标的要求。学前教育专业具有较强的应用性和实践性，教师在课程设计与实施过程中需要结合对应岗位的能力要求来进行设置。学前教育专业要以市场为基本导向，树立强基础、精技能、促发展的思想理念，按照相关标准进行包括公共基础理论课程、专业基础理论课程、专业核心理论课程、专业拓展课程、实践课程在内的课程体系建设，构建理论与实践相结合、基本技能与艺术专长相结合、基础能力与创新能力相结合的完善的课程体系。

（三）灵活先进的教学方式

教学方式是指为达到教学目的、实现教学内容、运用教学手段而进行的，由教学原则指导的一整套方式组成的、师生相互作用的活动。[②] 灵活的教学

---

① 季桂起，宋伯宁. 地方本科院校创新性应用型人才培养模式研究[M]. 济南：山东大学出版社，2013：58.

② 刘建强. 学校个性化发展的理论、方略及实施案例[M]. 长春：吉林大学出版社，2020：13.

方式在于教学手段和教学过程的灵活性，它是促进学生个性化发展的重要途径。教学方式的选择要考虑学生的学习表现和结果，只要一种教学方式能够实现人才培养目标，取得良好的教学效果，就是最合适的教学方式。高校要求学前教育专业的教师在采用行之有效的、灵活先进的教学方式进行教学时，需要注重理论知识与实践能力的结合，注重学生职业能力的提升，要求教师在课堂教学中能够采用多种多样的教学方式，并从课程教学拓展到实践环节之中，促进教学效果的有效提升，培养出符合社会需求的优秀学前教育专业人才。

（四）多元务实的评价体系

学前教育专业培养的人才最终要经过学校、用人单位和社会的评价，以此来检验高校学前教育专业的人才培养工作是否合格，特别是能否满足用人单位的需求，只有能够适应市场需要、满足用人单位需求的人才培养模式才是最佳的。学前教育专业人才培养模式需要构建多元务实的评价体系，多元化的评价体系主要体现在评价标准的社会性与发展性、评价主体的全面化与多元化、评价过程的系统性与有序性等方面；其评价标准是建立在一定的社会标准之上的，这些标准的建立以社会需求为基准，与社会政治、经济、意识形态之间密切相关，并反过来为此服务。教育作为一种社会现象，教育过程、教育结果的优劣、大小必然会受到社会的评判与检验。另外，学前教育专业人才培养目标作为一切学前教育教学活动开展的出发点与落脚点，集中体现了教学主体的价值观念，是进行教学活动成效评价的重要依据。学前教育专业人才培养评价主体具有全面化和多元化的特点。学前教育专业人才培养评价不仅仅是对学生学习成绩的评定，教师还可以在此基础上对教育计划、课程编制情况等做出评判，甚至可以将评价延伸到整个教育领域，对学前教育专业的人才培养展开全面化的评价。

此外，学前教育专业人才培养评价的主体除了教师和学生，还包括教育领导者、学生家长等，他们都具有评价权，学前教育专业人才培养的评价主体呈现出多元化的特点。学前教育专业人才培养的评价过程包含多个相互关联的环节，其中反馈环节的控制系统又由多个子系统、各类要素构成。这些要素包括对象、目标、手段、评价等，它们相互制约，并从不同角度影响教育活动的状态和最终绩效。学前教育专业人才培养评价可以体现学前教育专业人才培养的有序性，其评价活动主要包括四个阶段，分别为评价计划、计划实施、检查、评估总结。对于学前教育专业人才培养的评价工作，在评价计划阶段，教师及其他相关人员应基于自身对学前教育专业人才培养实际情况的了解制订科学有效的评价计划，通过这些计划制定推动评价工作顺利开展的基本决策，为后续工作的开展提供保障。在计划实施阶段，教师及其他相关人员应做好对评价工作的组织工作，明确各部门、各岗位人员的分工和职责，严格推进评价计划的展开。在检查阶段，教师及其他相关人员应及时了解评价工作的实时动态，了解工作的进行情况，对可能出错但还未出错、正在出错、已经出错的环节予以预防、纠正和校准复核。在总结阶段，教师与其他相关人员应不断完善评价工作，从而真正发挥学前教育专业人才评价工作的价值。

二、学前教育专业人才培养模式的主要特征

学前教育专业人才培养模式的主要特征体现在以下几个方面（图 2-6）。

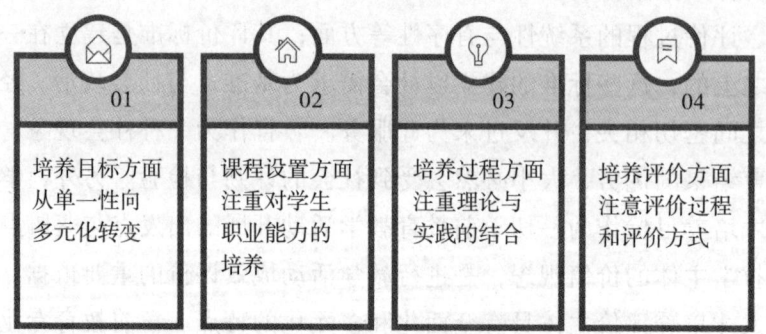

01	02	03	04
培养目标方面从单一性向多元化转变	课程设置方面注重对学生职业能力的培养	培养过程方面注重理论与实践的结合	培养评价方面注意评价过程和评价方式

图 2-6　学前教育专业人才培养模式的主要特征

（一）培养目标方面——从单一性向多元化转变

随着社会经济的发展以及国家对学前教育人才需求的多元化发展，高校学前教育专业人才培养目标逐渐由单一性向多元化转变。在学前教育专业人才培养目标的制定过程中，高校要结合学前教育的实际发展情况以及教育改革的总体趋势，明确人才培养目标，培养多元化的学前教育专业人才。学前

教育专业人才培养目标需要对人才培养的规格、知识结构、能力结构、素质结构等方面提出具体明确的要求，如热爱教育事业，具有良好的职业道德、优秀的科研能力、良好的文化修养，等等。

（二）课程设置方面——注重学生职业能力的培养

高校学前教育专业在课程设置方面注重培养学生对职业的良好认同感，使学前教育专业学生能够真正热爱教育事业、献身教育事业，体验职业为他们带来的幸福感。职业能力的培养是高校学前教育专业人才培养的重要目标之一，高校要构建新型的专业教育课程体系，保障课程质量，为学前教育专业人才职业能力的培养开创新的路径。一方面，高校要坚持以学前教育专业人才培养目标为中心来组织课程教学，针对学前教育工作的相关内容，培养学生的专业知识、专业能力和专业素养。另一方面，高校要整合、优化相关课程，构建科学、合理的课程体系，为学前教育专业学生提供社会实践以及专业训练的平台和机会。

（三）培养过程方面——注重理论与实践的结合

在学前教育专业人才培养过程中，教师要注重理论与实践的相互结合，只有将两者结合起来，才能够彼此促进、相互发展。要结合学前教育专业课程的具体特点以及学前教育专业职业岗位的能力要求，在课程教学中强调理论联系实践，注重对学生专业技能以及应用能力的培养。在学前教育专业人才培养的实施过程中，要强调教学方法的实践性，教师要注意创设真实的教学环境，通过运用所学的理论知识结合具体实践来提高学生的职业技能与学生解决实际问题的能力。

（四）培养评价方面——注重评价过程和评价方式

在学前教育专业人才培养评价方面，教师要注重评价过程和评价方式。首先，评价方式要坚持动态化。学前教育专业人才培养评价体系提倡对整个过程的评价而不是某一个阶段进行考察；其不单单注重对结果的终结性评价，也注重对过程的形成性评价。教师在评价过程中要注重对学前教育专业人才培养动态化的考察，把学前教育专业人才培养融入教学情境和日常生活中，坚持评价的客观性和科学性。其次，提倡评价标准的灵活性。学前教育专业人才培养不仅仅注重某一方面能力的单项评价，还注重评价标准的灵活性。在评价过程中，教师要注重学生之间存在的个体差异，尊重学生的个性特点，通过具有灵活性的多项评价标准对学前教育专业人才培养模式进行综合评价，在体现对人才的基本要求的同时，还要充分关注学生个体的差异以及其在发展过程中的不同需求，促进其在原有水平上的提高，提高学生的综合素质，促进学生各方面的成长。

第三节　学前教育专业人才培养模式的改革创新

随着学前教育重要性的不断凸显，人们对学前教育的重视程度逐渐加深，各大院校加大了对学前教育专业人才的培养力度，学前教育专业人才培养模式也在不断改革创新。

一、学前教育专业人才培养模式改革创新的相关背景

随着社会的飞速发展，我国对学前教育专业人才培养不仅提出了量的要求，还提出了质的要求。传统的学前教育专业人才培养模式已经难以适应社会的发展，需要对其进行改革创新。高校要加大对学前教育专业人才的培养力度，为社会培养出更多、更优秀的学前教育专业人才。

（一）从师范教育向教师教育的转型

在过去很长一段时间里，我国培养教师的教育被称为师范教育。这种师范教育一般是在专业的师范院校中进行的，并且师范教育一般是教师入职之前的培训，很少涉及教师入职之后的教育或培训。20世纪80年代，美国掀起了教师专业化运动的狂潮，教师专业化发展迅速成为国际性潮流，引发诸多国家教师培养制度的变革。这场国际性的教师专业化发展运动促进了传统师范教育向教师教育的转型。与传统师范教育相比，现代教师教育秉持终身教育的理念，建立起开放性的教师职前培养、入职教育以及职后培训的

一体化教育体系。在国际教师教育发展的背景下，我国在 2004 年正式颁布《2003—2007 年教育振兴行动计划》，强调构建以师范大学和其他举办教师教育的高水平大学为先导，专科、本科、研究生三个层次协调发展，职前职后教育相互沟通，学历教育与非学历教育并举，促进教师专业化发展，建立终身学习的现代教师教育体系。这一文件的出台标志着我国师范教育时代的结束和教师教育时代的开始。

在师范教育向教师教育转型的政策背景下，学前教育师资（幼儿教师）的职前培养逐渐以高师教育为主，并呈现出多种学制并存的局面：第一种是五年制专科层次培养模式，以初中毕业生为招收对象，经专业培养使其成为具备专科学历的师资；第二种是三年制专科层次培养模式，以高中毕业生为招收对象，经专业培养使其成为具备专科学历的师资；第三种是本科师范院校培养模式，学制为四年，以高中毕业生为招收对象，经专业培养使其成为具备本科学历的师资；第四类是研究生学院培养模式，学制为两年，以大学毕业生为招收对象，经专业培养使其成为具备研究生学历的师资；第五类是中等师范学校或职业学校培养模式，以初中毕业生为招收对象，学制为三年，经专业培养使其成为具备中专或中职学历的师资。与此同时，学前教育师资（幼儿教师）职前培养机构的培养内容、培养形式等都相继发生了较大的变化。

（二）从学科本位向能力本位的转变

学科本位强调知识教育的系统性和完整性，其在人才培养过程中以知识的传授为中心，注重学科之间的逻辑关系和知识内容之间的内在联系。这种人才培养模式过分强调学科的系统性和完整性，容易使理论和实践相脱离，不利于学生职业能力和实践能力的培养和提高。随着教育的发展，这种人才培养模式越来越无法满足社会对人才培养的需求。能力本位是一种先进的教育理念，与传统的学科本位具有较大的区别。能力本位强调职业能力的实用性，其在人才培养过程中以岗位需求为中心，注重对学生所从事职业具备的知识结构和职业能力的培养。20 世纪 90 年代初，我国职业教育领域引入能力本位的人才培养模式，继而在教师教育领域推广开来。随着教师专业化的发展，人们逐渐意识到，只有实现从学科本位向能力本位人才培养模式的转变，把能力的培养作为教师教育教学改革的根本目标，才能使学前教育专业人才培养取得真正的实效。

（三）从学历教育制度向双证书制度的转变

职业资格证书制度是我国劳动就业制度中的一项重要内容，也是一种特殊形式的国家考试制度。职业资格证书制度是指按照国家制定的职业技能标准或任职资格条件，通过政府认定的考核鉴定机构，对劳动者的技能水平或职业资格进行客观、公正、科学、规范的评价和鉴定，并对合格者授予相应的国家职业资格证书。[1] 1993年，《中共中央关于建立社会主义市场经济体制若干问题的决定》中明确提出"实行学历文凭和职业资格两种证书制度"，标志我国双证书制度的正式推行。双证书制度在促进教育教学改革、培养学生的职业技能和职业能力方面发挥了重要作用。为规范教师教育及保证教师队伍的质量，我国从2001年起全面推行教师资格制度。只有依法取得教师资格、持有教师资格证书的人，才能被教育行政部门依法批准举办的各级各类学校和其他教育机构聘任为教师。2012年，为确保教师从业者的素质和专业水平，我国更是尝试严格规范教师资格考试质量和准入标准，统一采用国家标准进行教师资格考试，各级院校的幼儿教育专业毕业生不仅需要获得学历教育的毕业证，还必须参加严格的国家级考试并获得幼儿教师资格证，方能够从事幼儿教师职业。

二、学前教育专业人才培养模式改革创新的全面推进

学前教育作为人们学习道路上的起步和基础阶段，具有重要的奠基作用。学前教育专业人才培养需要跟上时代的步伐，全面推进学前教育专业人才培养模式的改革创新（图2-7）。

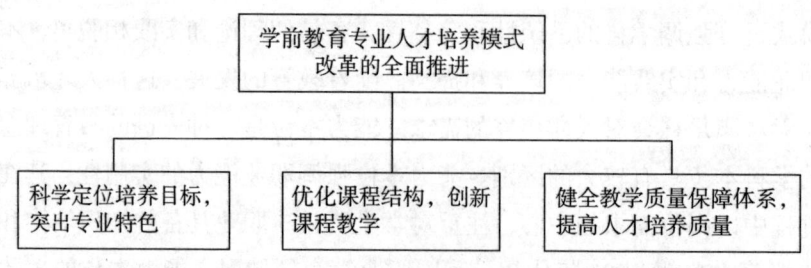

图2-7 改革创新模式下学前教育专业人才培养模式的要素构成

---

① 张惠媛.试论我国推行国家职业资格证书制度的对策及建议[J].现代经济信息,2014(16):1.

（一）科学定位培养目标，突出专业特色

要对学前教育专业人才培养目标进行科学定位，使其不仅要能满足教师队伍建设战略、国家和地区基础教育的需要，而且要与学校的办学宗旨相契合，要能够发挥高校自身优势，突出专业特色。要把拥有最先进的教育理念、较强的专业知识整合能力、综合育人能力、保教工作实施能力以及扎实的专业素养作为学前教育专业人才培养的重要前提，对学前教育专业人才进行培养；将具备一定的研究能力、反思意识、终身学习的能力和意识作为学前教育专业人才培养的重要指标，对学前教育专业人才进行评定。

（二）优化课程结构，创新课程教学

学前教育专业人才培养的课程设置要体现通识教育和专业教育深度融合，理论课程与实践课程、必修课与选修课设置合理。要将学前教育专业理念与职业道德、职业能力等有机结合起来，对课程结构进行合理优化，进一步完善通识课程、选修课程、艺术类教学以及实践活动等课程体系，提高学生对课程的兴趣，增强他们的学习积极性。教师在优化课程结构时，要特别强化学生的实践教学。针对学生实践能力有待提升的现状，要构建以"全实践"理念为指导的实践整合课程体系。同时，高校要深化实践教学基地建设，优化协同育人平台，帮助教师进一步提升实践教学的质量。

（三）健全教学质量保障体系，提高人才培养质量

高校要健全教学质量保障体系，使其更制度化、常态化、规范化，提高学前教育专业的人才培养质量。首先，要增强学前教育专业人才培养的质量保障意识，建立、健全教学质量保障体系的架构，加强对教学环节中人才培养质量保障的建设，使教学质量评价有据可依。其次，进一步优化和完善学前教育专业人才培养的内部质量监控与评价机制。对教学管理机构的建设与教学质量监控保障制度进行进一步加强和完善，推进教学基本状态信息库的建设进程，加快各种数据的共享与对接，通过对教学过程的实时检测以及对教学数据的实时统计和分析，及时、全面、有效地监控教学质量。再次，学前教育专业人才培养质量的外部评价运行机制和相关制度也应进一步完善。

最后，应构建并逐步完善由教育行政部门、教育机构（如实践教学基地、用人单位）等利益相关方共同参与的多元化社会评价机制，并将这些利益相关方对教育教学的评价结果作为学前教育专业人才培养计划的重要组成内容，推动学前教育专业人才培养机制和体系不断完善。

三、改革创新模式下学前教育专业人才培养的要素构成

学前教育专业的人才培养主要由知识要素、能力要素和素质结构要素构成（图2-8）。

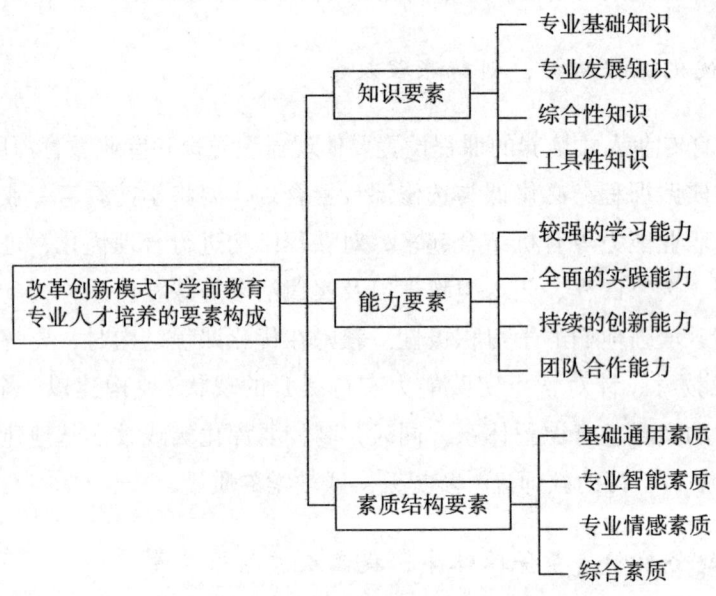

图2-8 改革创新模式下学前教育专业人才培养的要素构成

（一）知识要素

学前教育专业人才培养所具备的知识要素既有通识教育的共同特征，又有专业性的知识特点，概括来说可以分为四大类，即专业基础知识、专业发展知识、综合性知识和工具性知识。

1.专业基础知识

专业基础知识是学前教育专业人才的必备基础，一般包含在学科基础课

程的知识体系中，是专业素质和专业能力培养的奠基，学生只有熟练掌握专业基础知识，才能为其他知识的学习和能力的发展打下基础。

2.专业发展知识

专业发展知识是培养学前教育专业人才的专业理论性知识和操作性知识，一般包含在学科专业课程和专业选修课程的知识体系中。专业发展知识是学前教育专业人才能力发展和素质提升的必要前提。

3.综合性知识

综合性知识是培养学前教育专业人才公共能力和通用素质所必备的理论和基础操作知识，一般包含在跨专业、跨学科、跨院系甚至跨学校选修课程的知识体系中。综合性知识是学前教育专业人才综合素质和综合能力的培养基础。

4.工具性知识

工具性知识是学前教育专业人才为掌握现代科学技术所必备的基础知识，其能够帮助学生学习和掌握专业基础知识、专业发展知识和综合性知识。工具性知识是学前教育专业人才知识培养体系中的重要组成部分。工具性知识在学前教育专业人才公共能力、综合素质、发展能力以及专业能力等方面的提升与持续发展等方面发挥了强大的推动作用，对培养其终身学习能力、挖掘自我潜能具有很大的帮助。工具性知识主要包括外语知识、计算机和信息技术知识、文献检索知识以及方法论知识等。

（二）能力要素

1.较强的学习能力

对于学前教育专业人才来说，学习能力是非常重要的。学习能力指的是个体掌握知识的能力，以及在实践中对知识的运用能力，包括发现问题和解决问题的能力，信息收集、分析和应用能力以及学习分享与合作能力。在信息高度发达的今天，知识也呈爆炸式增长，这就要求个人不但要具备一定的知识储备，还要学会学习的方法，树立终身学习的理念，具备不断学习、吸纳新知识和新技能的能力，只有这样，才能适应社会发展的需要。

对于学前教育专业人才来说，由于学前教育专业具有一定的特殊性，因此，他们既要掌握理论知识的深度，又要掌握理论知识的广度；不仅要具有扎实的学前教育专业理论基础知识和实践知识，还要具有其他如心理、社会、人文、艺术等方面的知识。

2. 全面的实践能力

实践能力是学前教育专业人才需要掌握的基本能力，主要包括组织能力和动手能力。

（1）组织能力。学前教育专业人才应具备一定的组织能力，要能够把学前教育的政策方针与实际工作结合起来，并根据科学指导进行组织实施工作，研究、解决问题。

（2）动手能力。由于学前教育专业人才需要具备玩具制作、幼儿园环境布置等方面的基本技能，因此需要较强的动手能力。

3. 持续的创新能力

创新能力指的是通过对已有知识和经验进行思维的创新加工，在此基础上所产生的新想法和创造新事物的能力。学前教育专业人才需要具备持续的创新能力，创新能力是学前教育专业人才培养的重要内容。创新能力是智力能力、情感能力和技能的综合，具体包括以下四点。

（1）发现问题的能力。发现问题是具备创新能力的前提，只有发现问题才能引发思考，思维才能进一步发散和开通。从创新能力的发展阶段来看，发现问题是创新的第一阶段。

（2）提出问题的能力。在发现问题的基础上，要有甄别有用信息和聚焦问题核心的能力，从而提出有价值的、能够引发思考的问题。

（3）分析问题的能力。分析问题的能力指的是要把事物的整体按照不同要素、不同层次进行划分，依据由浅到深、由表及里的逻辑次序对事物的局部问题、局部之间的相互关系问题和局部与整体之间的联系问题展开逐一分析。

（4）解决问题的能力。解决问题的能力指的是在发现问题、提出问题和分析问题的基础上，能够结合自己的知识和经验提供创造性解决问题的新思路和新方法。

4. 团队合作能力

学前教育专业人才需要具备一定的团队合作能力。学前教育活动的开展需要团队成员之间彼此进行合作，因此学前教育专业人才必须具备团队合作精神、具有出色的团队合作能力，只有这样才能融入团队、赢得信任，才能更好发挥个人的作用。

（三）素质结构要素

素质是以人的先天禀赋为基础的，在后天环境和教育影响下形成并发展的、内在的、相对稳定的生理、心理及文化素质等综合的质量水平。学前教育专业人才的素质结构要素可以划分为基础通用素质、专业智能素质、专业情意素质、综合素质四类。

1.基础通用素质

基础通用素质是学前教育专业人才未来职业发展所必需的基本素养，受具体职业类型的影响十分有限。这种基本素养既包括工作所需的基本的口头表达能力、阅读能力、倾听能力、数学运算能力、书写能力，也包括发现、分析和解决问题的动手实践能力与思维能力，还包括富有自重、自信、自律、责任感、敬业精神等的个人品质。

2.专业智能素质

专业智能素质指的是学生在从事社会实践活动时，能够将专业知识和能力内化为带有专业特征的素质。专业智能素质的高低直接影响职业活动的效率。学前教育专业人才的专业智能素质主要是指了解幼儿的智慧、保育教育的智慧和反思实践的智慧。

3.专业情意素质

专业情意素质是指人们对所从事职业的一种专业归属情感，带有一定的心理倾向性特征，具体包括专业情感、态度、意志品质，以及在此基础上形成的职业理想、职业精神和价值信念等。

4.综合素质

综合素质是政治素质、思想素质、身体素质、心理素质、科学文化素质、审美素质等有机融合的产物，是基础通用素质、专业智能素质、专业情意素质三者在学前教育专业人才的专业学习和社会实践活动中融合、优化而成的一种全面素质。

第三章　整合·相关理论依据分析

第一节　卓越教师培养的理论依据

卓越教师培养是当前教师教育培养改革创新的重要措施。卓越教师培养并不是某一个阶段的目标和任务，而是贯穿教师职业生涯发展的全过程。加强对卓越教师培养的相关研究，探索卓越教师培养的理论依据，对卓越教师培养工作的推进具有重要意义。

一、人的全面发展理论

人的全面发展理论在马克思主义理论中占据重要地位，是马克思价值目标的根本体现。人的全面发展理论是一个哲学概念，是个人全面发展、自由发展、充分发展的统一，指的是将人从各种束缚中解放出来，使其实现体力、智力、个性和交往能力的全面发展。马克思关于人的全面发展理论大体上可以分为以下几个方面。

（一）"类本质"的全面发展

马克思认为人的"类本质"是人的一种有意识的自由活动，即人的实践本质。人只有充分发挥自己所具有的"类特性"，使实践活动得到充分发展，才能称之为人。首先，人的思维能动性是人与动物的本质区别。人能够自主地发展自己的能力、发挥自己的才能以及进行创造性的实践活动。其次，人的实践活动应该是多种多样的，不能被所谓的"分工"所限制。人的活动具有全面性，不应该只是简单的重复性劳动。人的全面发展要求人能够从事多种实践活动，可以在不同的部门之间进行劳动活动的转换，发展自己的兴趣爱好，以达到自主活动的目的，实现自我价值。

（二）"社会本质"的全面发展

人的"社会本质"的全面发展主要包括以下几方面的内容。

1. 个人与他人之间的关系

个人不是独立存在的，而是与他人相互联系在一起的，只有正确处理个人与他人之间的关系，才能获得个人的全面发展。

2. 个人的主要社会关系

个人的主要社会关系包括个人与家庭、个人与集体以及个人与社会的关系。妥善处理个人与家庭、个人与集体以及个人与社会之间的关系，既是社会发展的需要，也是个人全面健康发展的需要。

3. 个人的社会活动

个人能够通过与他人、社会进行交往，通过参与各个社会领域的活动来突破个体各方面的局限性，实现自己的全面发展。

（三）"个性"的全面发展

马克思认为，人的"个性"的全面发展包括以下几个方面。

1. 人的多种需要的满足

人的需要是全面而丰富的，是个人自身发展水平的一种体现。只有人的多种需要得到满足后，才能使其感受到自我价值，真正体会到生活的乐趣。人都有自我实现的诉求，只有这种高层次的诉求得以实现，人才能获得积极的肯定，享受劳动自由带来的意义。

2. 身心的全面发展

只有人的身心达到一种和谐统一的发展状态，才能在社会实践活动中实现自己的需要并不断完善自己。也就是说，人不但要拥有健康的体魄，还要具有健全的心理，只有这样，个体才能获得全面发展。

3.个体潜能的发挥

人的潜能在不断适应自然的过程中进化而来，是一直存在并且不断变化的。在旧式的劳动分工下，个体潜能被社会环境和其他因素所压抑，不能充分发挥。我们应该在现时的社会实践活动中不断开发自己的潜能，使其充分发挥。

4.精神道德观念和自我意识的发展

人在发展到一定程度之后，就会形成自己独立的意识和独特的精神道德观念，这也是人的"个性"全面发展的标志。

马克思认为，人和社会的发展是统一协调的，在旧的劳动分工方式下，人不能得到全面的发展。社会大工业时代的到来，为人的全面发展奠定了一定的物质基础。社会活动在人的全面发展方面担负着重要的职责，但是单一的学校教育不足以完成这一任务，只有和生产劳动相结合，才能使学校教育发挥作用，促进人的全面发展。马克思关于人的全面发展的理论对卓越教师培养具有重要的指导作用和现实意义。

二、马斯洛的需求层次理论

马斯洛需求层次理论是 1943 年由美国心理学家亚伯拉罕·马斯洛提出的。基于人本主义科学的积极理论，他把人的需求分为生理需求、安全需求、情感和社交需求、尊重需求、自我实现需求五种（图 3-1）。按照马斯洛的观点，这五种需求按照从低级到高级的次序进行排列，生理需求、安全需求、情感和社交需求、尊重需求属于基本需求，自我实现需求属于发展性的需求，人只有在基本需求得到满足的时候，才能进一步去追求发展性的需求，以实现个体健康成长，实现自我价值。

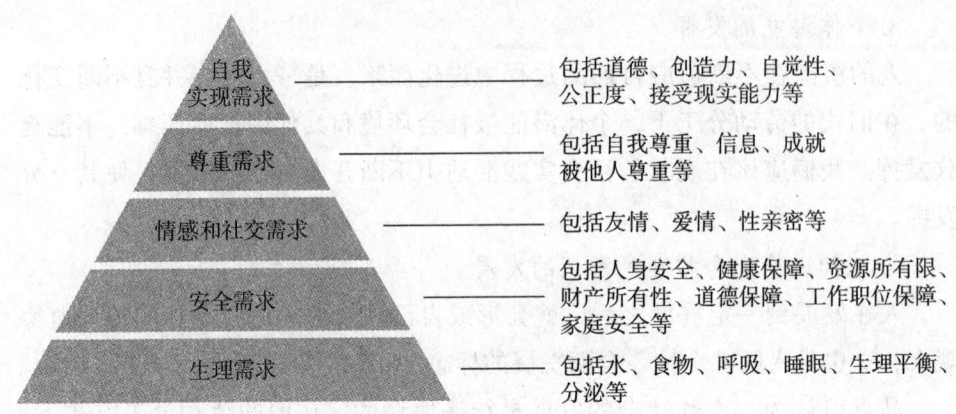

图 3-1 马斯洛需求层次理论

马斯洛需求层次理论符合人类需求发展的基本规律，充分尊重人的基本需求，从满足人的外部需求出发，促进人的转化，使人产生行为和动机，从而达到自我实现需求，实现个人人格的充分发展。

三、罗杰斯人格自我理论

罗杰斯人格自我理论是由美国著名心理学家、人本主义理论家卡尔·罗杰斯所研究总结的。罗杰斯同马斯洛一样，认为自我实现是人的本质属性。马斯洛人格自我理论主要包括四个方面。

（一）自我观念

自我观念是罗杰斯人格自我理论的核心和基础。自我是人格形成、发展和改变的基础，是人格能否正常发展的关键因素。自我观念的形成是个体和环境相互作用的结果：个体的行为方式作用于环境事物，从而产生直接经验；他人对个体行为的评价能够产生间接经验，即评价经验。当个体的直接经验和评价观念一致时，就会使其形成自我观念，个体的自我观念会对其行为造成极大的影响。

（二）积极关注

当个体的自我观念形成时，会产生一种对别人积极关注的心理倾向，希望得到别人的认可和支持。只有个体的直接经验得到积极关注，个体的自我观念才能更加明确，从而得到健康积极的发展。

（三）自我和谐

自我和谐指的是个体的自我观念不发生自我冲突的心理状态。在一定情况下，个体会产生自我不和谐的现象，改变自我不和谐的方法是向个体提供和谐的环境，向其提供无条件的积极关注，促进其在自然环境下对自我进行积极探索，从而形成和谐的自我观念，发挥自我实现的潜能。

（四）自我实现

罗杰斯认为，人的本性是善良向上的，人在不受环境阻碍抑制的情况下，天生具有自我实现的潜能。自我实现有助于个体行为的提高和发展，使个体更趋于完美，趋向自我的提高和自我价值的实现。罗杰斯认为，在人的自我观念形成以后，人的自我实现趋向就开始被激活，在自我实现动力的驱动下，个体在环境中进行大量尝试活动并得到大量经验。在寻求积极经验的过程中，自我实现的倾向引导着个体朝着积极健康的方向行动。

四、实用主义教育理论

美国哲学家、教育学家杜威是实用主义教育理论的代表人物。实用主义教育理论的观点是"教育即生活""学校即社会""教育即经验的改造"，三者构成一个完整统一的体系。杜威认为，教育要与社会生产相结合，校内学习要与校外学习相结合。教育必须与现时社会的需要相适应，教育内容在较大程度上取决于受教育者的实际需求，其要能向受教育者传授实用的经验、知识和技能。实用主义教育理论指出，教育应以学生为中心，对学生的兴趣培养、经验获得和需求满足予以重视，应充分调动学生在学习成长过程中的创造性和主动性，强调在教学实践中尊重学生的主体身份。在教学过程中，实用主义教学理论要求教师充分尊重和发挥学生的主体作用，结合学生的需要与特点，积极组织开展相应的教学指导活动。可见其不同于传统教师本位的教育理念。实用主义教育理论主张师生间的平等、民主、合作，教师应与学生为友，时刻关爱学生，同时向学生学习。实用主义教育理论强调"做中学"，注重理论与实践相结合，鼓励学生边实践边学习，促进理论知识与实践能力的融合。

五、合作教育理论

合作教育理论是由美国俄亥俄州辛辛那提大学的工程院教授赫尔曼·施耐德教授提出的。合作教育理论倡导学校、企业等不同教育主体开展广泛合作，发挥各自在资金、技术、知识等方面的独特优势，以促进学生全面素质和综合能力的提升。同时，高等教育要丰富课堂教学，采取有效的教育模式，使学生将课堂上学习到的理论知识与现实工作中的实践经验有效结合起来。

合作教育理论结合了哲学方面和教育方面的理论基础，把学习与工作的关系比拟为认识与实践的关系：学生在课堂上的学习是对已有知识的认识，而在工作上的学习主要通过实践来实现，实践的过程也是对新知识探索和学习的过程。合作教育理论认为师生之间是平等的，应该建立相互信任、相互支持、相互合作的协作关系，摒弃命令与服从的关系。合作教育理论在教学目标上不提倡对知识单纯被动的接受，而是倡导学生个性的健康发展，在实践教学的实施上，其主张多样化的合作方法。

合作教育理论认为，理论知识的学习绝不能脱离实践。只有将理论与实践相结合，才能使学生了解理论知识与客观实际的具体联系，把理论知识的学习与直接理论的学习统一起来；只有理论与实际相统一，才能使学生具有更好的学习书本理论知识以及运用理论知识进行实践的能力和方法，进而培养出社会主义现代化建设所需要的合格人才。此外，合作教育理论主张要进一步加强校企合作。高校与企业共同制定人才培养方案，共同制订教学计划、教学内容，合理地利用学校和企业的双师型师资，最终使学生达到企业的用人需求，实现卓越教师人才培养目标。在实践过程中与企业进行多层次、全方位合作，共同就专业建设、课程体系、师资建设、实训条件等方面不断进行调整和优化，依托企业实训基地条件，把学校的理论教学与实践教学结合起来。

六、教师专业发展阶段理论

教师专业发展阶段理论的鼻祖是美国学者福勒，她在1969年编制的《教师关注问卷》拉开了教师专业发展阶段理论研究的序幕。随着研究的不断深入，先后有不少学者对教师专业发展阶段理论进行了探索，如福勒提出了教师关注理论、卡茨提出了教师发展时期理论、伯顿提出了教师发展阶段论、斯德菲提出了教师生涯发展模式、休伯曼提出了教师职业周期主题模式（图3-2）。

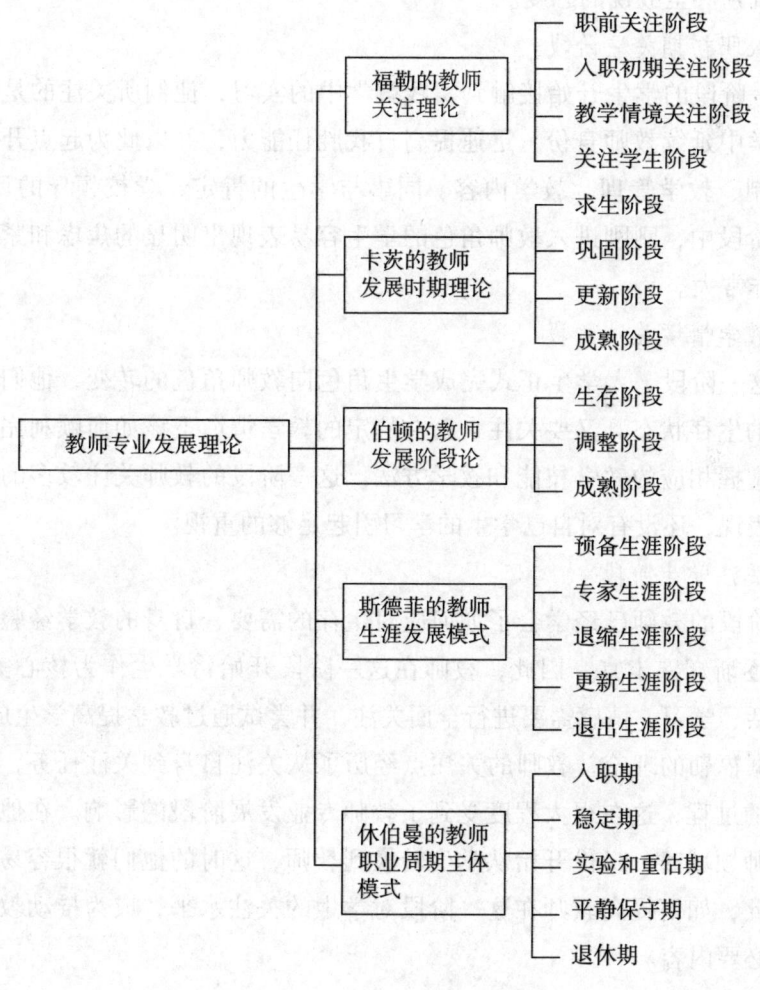

图3-2　教师专业发展理论

（一）福勒的教师关注阶段理论

福勒是最早开始教师专业发展阶段理论研究的学者，在《教师关注问卷》中，福勒从教师在不同发展阶段的关注内容出发，阐述了教师所经历的几个发展阶段。

1. 职前关注阶段

职前阶段的大学生还处在学生角色，缺乏教学方面的经验，对教师的角色还只是处于想象之中，他们通常关注的对象只是自己，对于班级教师经常会持有批判甚至敌视的态度。

2. 入职初期关注阶段

这一阶段的学生开始接触到实践教学中的实习，他们所关注的是如何在实践教学中延续教师身份、迅速提高自我胜任能力，并以此为起点开始关注班级控制、教学管理、教学内容、同事与学生的肯定、学校领导的评价等。在这一阶段中，刚刚进入教师角色的学生容易表现出明显的焦虑和紧张，感觉压力非常大。

3. 教学情境关注阶段

在这一阶段，大学生正式完成学生角色向教师角色的转变，他们既要关注自己的生存状态，又要关注自己在特定的教学情境下该如何顺利完成教学任务、掌握相应的教学技能和教学方法。这一阶段的教师关注较多的是自己的教学表现，还没有对自己学生的学习引起足够的重视。

4. 关注学生阶段

此阶段的教师已经学会了如何应对生存的需要，自身的教学经验和教学技能也逐渐娴熟丰富，因此，教师在这一阶段开始将学生作为核心关注点，对其生活、学习、情感需要进行全面关注，并尝试通过教学提高学生成绩。

依据福勒的理论，教师的关注点经历了从关注自身到关注任务，再到关注影响的过程，这在很大程度受到了教师专业发展阶段的影响。在他们刚刚步入教师领域时，身份开始从学生转换到教师，这时的他们就很容易忽略学生。因此，如何提高教师在这一阶段对学生的关注水平，成为推动教师职业发展的必要内容。

（二）卡茨的教师发展时期论

1972 年，美国学者卡茨通过问卷法和访谈法研究了教师的发展和对教师的培训，并提出了教师发展时期论。该理论以教师发展历程为重点关注内容，极大地推动了教师发展阶段理论的成熟。卡茨的教师发展时期论指出，教师的专业发展会经历求生、巩固、更新和成熟四个阶段，并且教师在每个阶段都具有不同的培训需求。

1.求生阶段

这个阶段一般在教师任教的前两年。此阶段，新任职的教师所关注的是自己能否在陌生环境中生存下来，他们会感觉自己所预想的情况与实际的教学情况之间存在落差，对自己能否胜任教师这一角色产生怀疑。在这一时期，教师任教单位要给予教师理解和鼓励，做好教学现场支持以及各种教学技能方面的培训工作。

2.巩固阶段

这一阶段会一般发生在教师任教的第三年。此阶段教师已经具备了处理教学事务的基本知识和方法，并能够对前一时期所获得的教学经验和教学技巧进行总结和巩固。此时的教师已经开始把眼光放在个别学生的身上，对他们进行特别的关注，思考通过什么方法来帮助学生取得进步。在这一阶段，教师所需要的是关于学生的信息和处理学生问题的方法，此时，学校领导、专家、同事为教师给予及时的现场协助和意见指导是非常必要的。

3.更新阶段

这一阶段一般发生在教师任教的第四年。此阶段，教师对繁杂、刻板的工作会产生厌倦感，试图在教学方法和教学技巧方面有所创新和突破。这一阶段，学校需要鼓励教师积极加入教师专业组织，参加相关的研究会与各种进修活动，与其他教师积极交流教学经验和教育心得，并向其他教师专家学习新的教学方法、技巧和经验，以此推动教学创新。

4.成熟阶段

这一阶段一般发生在教师任教的第五年或者更长时间。此阶段的教师已经习惯了教师这一角色，对教育教学方面的一些深入且抽象的问题有一定的思考能力。学校应积极鼓励这一阶段的教师积极参加各类研讨会、学历学位进修会等，鼓励他们积极加入教师团体，通过与老教师沟通、收集资料等方式加深自身对教学的了解，提高自身的教学能力。

卡茨的教师发展时期论，对协助教师专业成长、了解教师培训需求有一定的使用价值和参考意义。然而，卡茨的研究没有继续对发展到成熟阶段之后的教师进行阶段划分，卡茨认为教师会不断积累经验、不断成长，但其却忽略了教师在成长过程中可能发生的变化。

（三）伯顿的教师发展阶段论

20 世纪 70～80 年代，美国学者伯顿根据与小学教师的访谈资料，将教师的专业发展划分为三个阶段，分别是生存阶段、调整阶段和成熟阶段。

1. 生存阶段

这一阶段通常指从事教师职业的第一年。这一阶段，由于教师刚刚踏入一个新的环境，其在实际的教学经验方面有所欠缺，在教学活动开展和课堂掌控能力方面都表现一般。这一时期，教师处于职业生涯的适应期，此阶段教师关注的主要是班级经营、学科教学、教具的使用、教学技巧的改进以及快速了解教学内容，并组织好教学材料，制订科学合理的单元计划和课程计划，做好教学工作。这一阶段的教师虽仍缺乏信心，且有很大的不稳定性，但已经能与学生和谐相处，并能时刻注意到学生的动态。

2. 调整阶段

这一阶段通常指从事教师职业的第二到第四年。这一时期的教师已经逐渐适应了教师这一角色，能找到方法应对工作的负荷与压力，并积累了一定的教学经验与知识储备。与此同时，处于该阶段的教师开始注意到学生个体的复杂性与需求多样性，逐渐能通过师生互动对教学工作进行调整，还能在教学的技巧与方法方面寻求创新，以满足学生的不同需求。这一时期的教师变得较为自信，注意到了教师与学生之间关系的协调，从教的意愿也变得更加坚定，能够做到关心学生并且感到自己比以往更有能力满足学生各种不同的需求。

3. 成熟阶段

这一阶段通常指从事教师职业的第五年或者第五年以后的阶段。到了这一阶段，教师已经积累了较为丰富的教学经验，能驾轻就熟地开展教学活动，对教学环境、学生需求、教学任务等的了解也较为充分。因此，这一阶段的教师能游刃有余地处理教学过程中发生的任何事情，能够正确协调和处理与上级、同事之间的关系，并且更加注重师生之间的交流，能够适应学生的需求，给予学生更多的关心。处于该阶段的教师已经逐渐形成了自己的专业见解，确定了自己在教师专业发展中的位置。

伯顿的教师发展阶段论是基于对数据的综合处理得出的。由于参与调查的样本——教师人数多且分布广，所以伯顿的研究成果在当时产生了很大影响。然而，伯顿的教师发展阶段论也同卡茨一样，没有进一步探究成熟教师的未来发展。

（四）斯德菲的教师生涯发展模式

1989年，美国学者斯德菲基于人文心理学派的自我实现理论，提出教师生涯发展模式，对教师生涯做出划分，分别为预备生涯、专业生涯、退缩生涯、更新生涯以及推出生涯五个阶段。

1.预备生涯阶段

预备生涯阶段以重新任职和新任职的教师为主。重新任职教师能凭借以往积累的教学经验快速适应这一阶段，并顺利发展到下一阶段；而新任职的教师一般需要三年的适应时间，才能有足够的经验阅历步入下一阶段。处于预备生涯阶段的教师通常富有创意、活力，具有理想主义，对新概念、新观点的接受速度较快，能够保持明显的努力进取、积极向上态度。

2.专家生涯阶段

这一阶段的教师在教学能力与技巧等方面通常有较高水平，其还具备多方面的信息来源与丰富的专业知识。处于专家生涯阶段的教师对时间管理与班级管理得心应手，能深入了解学生的个性特点，对学生及教学工作的期望较高，在实际工作中能充分激发自身潜能，实现自我价值。

3.退缩生涯阶段

退缩生涯阶段可划分为三个小阶段：初期退缩阶段、持续退缩阶段、深度退缩阶段。

在初期退缩阶段，教师的日常表现总是不能尽如人意，但也不会是最差的，在一所学校中，大部分教师都处于这一阶段。这阶段的教师很容易被忽视，且很少主动尝试对自身的教学方法进行改革创新，对教学内容也很少更新。此类教师大多数较为消极，缺乏主见，容易从众行事。对处于初期退缩阶段的教师，学校内的教育行政人员或管理人员可以向其提供适时、适当的支持与帮助，使之恢复到专家生涯阶段的状态。

在持续退缩阶段，教师对自身职业总是感到倦怠，或者产生埋怨心理，常常对学校、学生、教育行政部门、家长十分不满，甚至会指责具有良好教学表现的其他教师。处于这一阶段的教师个性消极，对教学过程中的改革创新充满抗拒，喜欢独来独往，在人际关系的处理方面也不太和谐。

在深度退缩阶段，教师无力于课堂教学，甚至会在无意间对学生造成伤害，这类教师往往对自身缺点没有清楚的认识，自我防范意识与自我保护意识十分强烈。针对这一阶段的教师，学校一般会让其暂离教师岗位或对其做转岗处理。

4. 更新生涯阶段

这一阶段的教师在对教师职业出现厌烦征兆的时候，学校就会采取积极的应对措施，通过鼓励其参加研讨会、进修学习、加入教师组织等相关举措，使其主动吸纳新知识，重新振作，恢复朝气蓬勃的预备生涯阶段的状态，并且使其变得更加成熟，在教学方面也更加具有针对性，致力于新知识的学习和专业成长方面的追求。

5. 退出生涯阶段

这一阶段的教师有的已经达到退休年龄，有的是由于其他原因离开了教师岗位。达到退休年龄的教师开始安度晚年，离开教师岗位的人员开始在其他职业领域谋求发展。

斯德菲的教师生涯发展模式对教师生涯的发展特点进行了较为清晰、真实的反映，肯定了在教师处于发展的低潮时期，有关人员应及时向其提供适当的支持与协助，以便帮其顺利渡过低潮时期，促使其继续在教师领域成长与发展。

（五）休伯曼的教师职业周期主题模式

20世纪90年代初期，瑞士学者休伯曼对教师专业发展的研究更加具体化和细致化，他将教师职业发展划分为入职期、稳定期、实验和重估期、平静保守期、退休期五个阶段，并且对每一阶段的发展主题进行了探索研究，真实反映了教师的实际发展路线。

1. 入职期

入职期一般是指教师生涯的第一至三年。这一时期也被称为求生和发现期。在这一时期，教师对职业充满了复杂的感情，一方面，由于初为人师，这一时期的教师对自己的班级和学生充满了积极和热情。另一方面，由于教师刚刚进入陌生的新环境，不能很好适应不稳定的课堂环境，因而表现得无所适从，急切想要步入教师职业正轨，同时又对自己能否胜任教师这一职业而充满怀疑。

2. 稳定期

稳定期一般是指教师生涯的第四至六年。这一时期的教师已经逐渐适应自己的工作，对自己的职业投入了热情，能轻松驾驭课堂教学，并初步形成自己的教学风格。此时，教师因刚刚入职步入前一阶段而产生的不适与压力逐渐消失，能自信、轻松应对本职工作，并不断尝试改进教学技能和提升自身教学水平。

3. 实验和重估期

实验和重估期一般指教师生涯的第七至二十五年。进入这一时期后，随着教学经验、知识的积累与教学水平的不断提升，教师开始大张旗鼓地对评价方法、教学材料等各方面的教育教学工作进行教育改革实验和创新，并在职业发展过程中不断挑战自我、超越自我。随着教师改革愿望的不断进行，教师的职业志向水平与职业动机都不断提高，教师也在这一过程中产生了很多教学方面的新方法与新思路。所以说，实验与重估期是教师改进、创造、求变的时期。

4. 平静保守期

平静保守期一般指教师生涯的第二十六至三十三年。这一时期经过教师对教育教学的创新和对职业的反思、重估，其工作慢慢进入平静发展阶段。处于这一阶段的教师拥有丰富的教学经验和教学技巧，但是对教师的专业发展失去了热情和动力，因此，这一阶段的教师在工作上变得比较保守，志向水平也开始下降。

5.退休期

退休期一般指教师生涯的第三十四年之后。这一时期是教师职业生涯的逐渐终结阶段。

休伯曼的教师职业周期主题模式揭示了处在不同职业生涯阶段的教师的状态，真实反映了教师专业发展的实际情况。

第二节　学前教育专业人才培养的理论依据

学前教育专业人才培养是学前教育事业发展的关键因素，目前，学前教育专业的发展越来越受到国家和社会的广泛关注。学前教育专业人才的研究基础是与学前教育有关的理论依据。下面我们着重阐述与学前教育关系密切的三种理论，即学前教育专业人才培养的教育实践性理论、学前教育专业人才培养的实践性知识观、学前教育专业人才培养的教育一体化理论。本节也会对自然主义教育理论和多元智能理论做出相关阐述。

一、学前教育专业人才培养的教育实践性理论

学前教育专业是一门实践性非常强的专业，因此，学前教育专业学生要想成为一名合格的学前教育专业人才，就必须不断加强和积累自己的实践能力，深谙学前儿童的保育和教育工作。学前教育专业人才培养的教育实践性理论主要包括学前教育专业人才培养与劳动相结合的理论、学前教育专业人才培养与建构主义学习理论两个方面。

（一）学前教育专业人才培养与生产劳动相结合的理论

马克思主义教育思想倡导教育要融入实际生产劳动，这与我国一直以来推行的教育方针相符合。马克思与恩格斯立足个体全面发展的角度，从以下三个方面对教育结合生产的理论做出阐述：首先，教育结合实际生产劳动是建设和改造现代社会的一种重要手段；其次，教育结合实际生产劳动能有效提高社会生产力；最后，教育结合实际生产劳动能科学培养个体全面发展。教育与生产劳动相结合理论指导下的学前教育专业人才培养，不仅要注重理

论的指导，而且要注重实践的锻炼，通过理论学习与实践训练全面提升人才的知识素质和能力素质。对于致力于培养学前教育专业人才的学前教育专业而言，理应在重视学前教育专业学生知识积累的同时，重视对他们未来职业能力的训练。只有通过教育与生产劳动相结合的形式，即在校的理论学习与幼儿教育一线（尤其是幼儿园）的实践体验相结合，才能更大限度地提升学前教育专业学生的职业素质。

（二）学前教育专业人才培养与建构主义学习理论

建构主义学习理论是教育学中的重要认知理论，瑞士著名心理学家皮亚杰对这一理论进行了进一步的完善和发展。建构主义学习理论主张教学要以学生为主体，教师应该通过建立学习情境来引导学生主动学习，帮助学生答疑解惑。在学习过程中，学生不是要通过老师的传授而简单被动地接受知识，而是要借助教师或学习活动的帮助来主动建构知识。这种对知识的建构必须由学生亲自完成，他人是无法代替的，学生要结合自己的经验背景，对外部知识信息进行主动性的筛选、加工和处理，从而主动获得知识。意义建构是整个学习过程的最终目标，学生在学习过程中所要建构的意义不是指具体的事实性知识，而是指事物的性质、规律以及事物之间的内在联系，这就决定建构主义学习特别注重知识的内在逻辑，也就是知识结构和学科图谱。[①] 20世纪 90 年代后期，随着建构主义研究的不断深入，情境建构主义逐渐形成。情境建构主义认为，学生的学习活动应该在真实的职业环境中进行，学生在真实的职业环境中获得的体验对其知识的建构十分有利，如果将学生的学习环境和其将来工作的职业环境割裂开来，学生将很难养成在真实的职业情境中建构知识的能力。对于学前教育专业人才培养来说，只有建构有利于学生学习的真实情境，才能充分激发学生学习的主动性和积极性，从而促进其建构知识能力的提高，促进学前教育专业人才培养质量的提升。

二、学前教育专业人才培养的实践性知识观

在学前教育专业人才培养过程中，高校应该以实践知识观为指导，注重

---

① 高文，徐斌艳. 建构主义教育研究 [M]. 北京：教育科学出版社，2008：26.

学前教育专业人才实践知识的积累和实践能力的提高。

（一）学前教育专业人才培养实践性知识观的特征

实践性知识观认为，知识分为理论性知识和实践性知识两大部分，理论性知识通常通过个体对理论的学习而获得，而实践性知识则必须通过个体在实践中亲身体悟才能获得。学前教育专业人才培养的实践性知识观指的是对学前教育专业人才培养实践性知识的观点和看法。学前教育专业人才培养的实践性知识观具有实践性、个体性、情境性、整体性等主要特征（图3-3）。

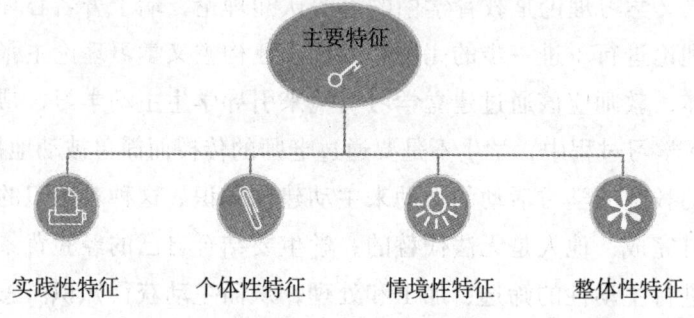

主要特征

实践性特征　　个体性特征　　情境性特征　　整体性特征

图3-3　学前教育专业人才培养实践性知识观的特征

1.实践性特征

学前教育专业人才培养的实践性知识是通过实践活动构建并获得的。只有通过实践活动不断进行学习，学生才能够获得综合实践能力的提高。实践性是学前教育专业人才培养实践性知识观的基本特征，必须贯穿学前教育专业人才培养的全过程。在此过程中，高校应对人才培养对象进行个性化、差别性的甄选，选择素质多元化、来源多途径的人才培养主体，开发课内外相结合、多样化、多层次的人才培养途径，优化特色突显、实践到位的人才培养过程，制定有保障、高效的人才培养制度。重要的是要注重对能凸显实践取向的课程体系的构建，要建设校内外实习实践基地，以培养学生的实践能力为主要任务，打造专兼结合的、实践能力强的"双师型"教师队伍，构建健全的学生综合实践能力培养制度。

2.个体性特征

在实践性知识的形成过程中，由于个体在主观经验、热情、情感、信念以及价值观等方面情况不同，他们的具体实践活动也不相同，所获得的实践性知识也具有很大差异。学前教育专业人才培养的实践性知识观具有个体性特征，不同的个体，其所能够获得的实践性知识也是不同的。

3.情境性特征

学前教育专业人才培养的实践性知识观具有情境性特征。首先，个体的实践活动是在一定具体情境中进行的，没有具体环境的支撑，个体的实践活动就不可能存在或产生。因此，只有学前教育专业人才培养为个体提供相应的情境条件，才能够使个体形成相应的实践性知识。其次，学前教育专业人才培养实践性知识观的情境形成具有特定性，特定的教育情境具有丰富、鲜活、多变的特点，赋予了学前教育专业人才实践性知识观形成的情境性。

4.整体性特征

学前教育专业人才培养在实践过程中，不仅要面对不同的学生，还要面对教育教学情境的不确定性。因此，学前教育专业人才必须具有整体性、全面性的实践性知识，整合自身的多种知识、多种能力投身实践性知识的学习，建构完整的实践性知识体系，才能应对各种情况。

（二）学前教育专业人才实践能力的提高路径

要想提高学前教育专业人才的实践能力，丰富其实践性知识，就需要从加强学前教育专业人才的实践反思、创建学前教育专业人才共同体、强化学前教育专业人才培养的实践环节等几个方面着手。

1.加强学前教育专业人才的实践反思

对于学前教育专业人才来说，只要具有一定的实践经历，就都或多或少具备一定的实践性知识。起初，这些实践性知识大多是零散的、感性的，但经过自己的反思总结，就会变得比较系统、比较理性，进而对学前教育专业人才今后的教育教学实践产生指导价值。

2.创建学前教育专业人才共同体

由于学前教育专业人才的实践性知识观具有明显的个体性与情境性特征，因而一旦遇到复杂的"三教"问题情境时，单个个体往往会出现无助感。此时，在平等、合作的原则下构建学前教育专业人才共同体，可以促使学生通过研讨、协商、支持等方式共同探索与解决"三教"问题。不言而喻，在共同探索与解决"三教"问题的过程中，他们各自的实践性知识都会得到明显的丰富。

3. 强化学前教育专业人才培养的实践环节

学前教育专业人才的实践性知识是个体在大量实践体验中产生的，为丰富人才的实践性知识，有必要强化其在职前培养、入职教育及职后培训等各阶段的实践环节。比如，在职前培养阶段，教师可以适当延长教育实践的时间长度，保证教育见习与教育实习的有效性；在入职教育及职后培训阶段，通过调整教师培养的课程结构，增加教学技能和教育教学培训的课时量；等等。

三、学前教育专业人才培养的教育一体化理论

学前教育专业人才培养是为培养学前教育师资或职前教师做准备，其为提高学前教育专业人才的质量，需要在教育一体化理论的指导下完成学前教育专业人才培养的实践活动。

学前教育专业人才培养的教育一体化是"师范教育"向"教师教育"转型的内在诉求，同时又是推动教师教育发展的主要实现路径与组织机制保障，与教师职业化、专业化发展的时代要求密不可分。学前教育专业人才培养的教育一体化指的是为了与学习化社会的发展需要相适应，其在终身教育思想的坚定指导下，以教师专业发展理论为依据，立足教师入职前与入职后的全过程，对学前教育专业人才的培养培训进行科学规划设计，构建在内部连接教师教育的各个阶段、既有内在联系又有侧重点的人才培养体系。学前教育专业人才培养的教育一体化主要有三个层次的含义：一是入职前的人才培养、入职时的系统性教育、入职后教育教学素质整体提高的一体化；二是教学实践、教学研究的一体化；三是学前教育教师、中小学教师的一体化。

学前教育专业人才培养的教育一体化既是一种核心教育理念，又是学前教育专业人才培养的行动指南与实践方案。第一，学前教育专业人才培养的教育一体化要求打破了教育理论与教学实践脱节、说与做不统一的问题，对此，教育实践与教育理论可通过一体化实现沟通。第二，条块分割的教育管理体制被打破，构建协调、统一的领导体制，搭建内外融通、上下结合的学前教育专业人才培养网络。第三，此前不同教育机构相互隔膜，向新任职教

师提供的入职前培养、入职时教育和入职后培训相互分割的局面被打破，构建起职前培养、入职时教育、入职后培训三者互通互融的学前教育人才培养机构。第四，对学前教育专业人才培养的内容与目标进行统一设计和规划，即将新教师入职、职前培养、在职培训集合成一个系统工程，对教育内容、课程结构和培养目标等进行统筹。第五，对教师教育的师资队伍进行合理的重组和科学优化配置，组建一支在职前、职后和入职过程中既有合作，又有侧重的教育师资队伍。第六，重新整理广大幼儿园、中小学与各类各级教育机构、教师的关系，为教育理论与实践的对话构建合适的平台。

四、自然主义教育理论

教育语境下的"自然"指的是人的天性以及人身心发展的自然规律。自然主义教育理论强调人天性的重要性，并倡导教育要顺应人类的天性，使人的身心得到自由的发展。[①] 自然主义教育理论的代表人物是卢梭，关于他的教育思想，我们可以从教育目标、教育方法和教育过程三个层面进行分析。

（一）教育目标：培养"自然人"

此处的"自然人"是指能够顺应人自然天性而培养起来的人。在卢梭看来，人的发展有其内在规律，教育应该顺应这一规律，保护学生的自然天性，从而使学生顺着其身心发展规律成长和发展。卢梭认为，理想教育培养出的人应该是能够听从内心声音、按照自己思想行动的人，是能够独立思考、有主见的人，是心灵、理智、身体、道德、审美等各方面得到全面发展的人。当然，卢梭强调的"自然人"也是在一定社会规范下发展起来的人，它所强调的自由也是在自然规范下活动的自由，而非无所约束的自由。总而言之，卢梭的自然主义教育理论是将人作为核心，强调教育的实施要以人为本，尊重人的革新，遵循人身心发展的内在规律，而不是压迫、强制学生学习，这样才能使学生成长为一个在各方面都得到发展的"自然人"。

---

① 滕大春.外国近代教育史[M].北京：人民教育出版社，2002：82.

（二）教育方法：因材施教

在卢梭看来，教育要实现对人的身心发展规律的遵循，就需要教师了解不同阶段学生的身心差异，并由此确定不同的教育目标、教育方向和教育要求，因材施教。卢梭依据人的身心发展特点，将教育划分为四个阶段：婴儿、儿童、少年和青年，不同的阶段应设定不同的教育目标、教育内容，并采取不同的教育方法。比如，婴幼儿时期（0～6岁）教育的主要目的是使儿童有强健的身体，因此，这一时期以体育为主要教育内容。儿童时期（6～12岁），孩子还处于感性认识阶段，要用"自然后果法"让孩子学会自省。少年时期（12～15岁）的教育任务主要是学习。卢梭主张让孩子自己去发现问题、主动学习，进而获得知识，培养孩子的学习能力及运用知识解决问题的能力。青年时期（16～28岁）的教育任务主要是道德教育、信仰教育和性教育，这一时期的主要目标是培养青年的情感、判断力和意志力，让其学会自律，远离不利于自己成长的诱惑。[①]

其实，早在春秋时期，孔子便提出因材施教的思想，他在回答子路的问题时说道："求也退，故进之；由也兼人，故退之。"[②] 意思是：冉有为人懦弱，所以我要激励他的勇气；子路武勇过人，所以我约束他。无论是中国的孔子，还是西方的卢梭，都认为教育要顺应人的本性，要因材施教，虽然就我国高校育人的现状来看，二者关于因材施教的论述有一定的局限性，但同样具有一定的指导价值和启发意义。

（三）教育过程：实践—体验—反思—感悟

卢梭反对灌输教育，他认为学生是教育的主体，要让学生在学习中自主地探索，并在实践中体验、反思、有所感悟，然后再进入下一轮"实践—体验—反思—感悟"的过程，如此反复。在卢梭看来，每个人天生便具有求知的欲望，教师需要呵护学生求知的欲望，并利用学生求知的欲望，让学生在求知欲的驱使下，自主开展实践活动、进行知识探索，并使其通过对实践的

---

① 黄怡婧.高中思想政治课"唤思教学"的实践与探索 [M].广州：广东高等教育出版社，2019：36.

② 刘兆伟译注.论语 [M].北京：人民教育出版社，2015.

反思有所收获。在现代教育中，之所以很多学生学习的兴趣较低，一个重要的原因就是教师忽视了学生发展的内在规律，缺乏对学生有效的引导，导致学生的求知欲被压制，进而影响学生的成长和发展。因此，教师应转变传统的教学思维，在遵循学生身心发展规律的基础上，积极组织实践活动，通过实践让学生去发现问题、解决问题，并使其将知识内化为自己的能力，进而获得真正的成长。

五、多元智能理论

（一）多元智能理论的内容

多元智能理论是由哈佛大学认知心理学家霍华德·加德纳提出的，他认为每个人都拥有八种智能：语言智能、逻辑数学智能、空间智能、运动智能、音乐智能、人际交往智能、内省智能、自然观察智能。在传统教育中，学校过于关注学生的语言智能和逻辑数学智能，但这两种智能并不是人类智能的全部，如果仅仅关注两种智能，显然是无助于学生全面发展的。此外，不同的人在智能表现上也存在差异，有的人空间智能较强，有的人语言智能较强，有的人人际交往智能较强，等等。因此，了解学生的智能倾向，是教育学生的一个重要前提。

关于霍华德·加德纳提出的八种智能，其内容简述如下。

1. 语言智能

语言智能指人有效运用口头语言和文字的能力，即听说读写的能力，表现为高效地运用语言或文字表达思想、描述事件和与他人进行交流。

2. 逻辑数学智能

逻辑数学智能指人运用数字和推理的能力，它涉及对抽象关系的认识和使用能力，也涉及计算、量化、思考命题、假设以及进行复杂数学运算的能力。

3. 空间智能

空间智能指人对空间信息（如色彩、线条、形状、结构等）的感知能力以及将感知到的信息加以表现的能力。空间智能可分为抽象的空间智能和形象的空间智能两类，抽象的空间智能为几何学家所特长，形象的空间智能为画家所特长。

4. 运动智能

运动智能指人调节身体运动以及运用双手改变物体的能力，表现为能够较好地控制自己的身体，在面对某些事情时能够做出恰当的身体反应以及正确使用身体语言表达自己的思想。

5. 音乐智能

音乐智能指人察觉、辨别、表达和改变音乐的能力，表现为对音调、旋律、节奏、音色的敏感性以及通过演唱、演奏、作曲等方式对音乐的表达。

6. 人际交往智能

人际交往智能是指个体理解他人及其关系以及与他人交往的能力。人际交往智能主要包括四个要素：组织能力、协商能力、分析能力和人际联系能力，四个要素缺一不可。

7. 内省智能

内省智能指人正确认识自己的能力，表现为对自己长处、短处的认知，对自己情绪、欲望、动机、意向的把控，对自己生活的规划等。

8. 自然观察智能

自然观察智能指人认识周边自然事物（如动物、植物、自然环境等）的能力。自然观察智能可进一步引申为探索智能，包括对自然的探索和对社会的探索。

（二）多元智能理论对学前教育专业人才培养的指导意义

多元智能理论推翻了传统的智能理论，对于学前教育专业人才培养具有积极的指导意义。具体而言，其指导意义主要体现在如下几个方面。

1. 对学生观的指导意义

在学生观上，多元智能理论认为，每个学生都是聪明的，但由于他们的智能存在差异，所以在具体的表现上也会出现差异。对教育工作者来说，学生智能上的差异不是教育的负担，而是一种宝贵的资源，教师要学会用欣赏的眼光去看待学生，避免用相同标准去衡量学生，而是要充分挖掘不同学生的智能，并施以正确的引导，从而使每个学生的智能都能够得到良好的发展。

2. 对教育观的指导意义

按照传统的智能理论来看，学生的智能表现在语言智能和逻辑数学智能两个方面，所以教师认为只要针对这两种智能开展教育活动，便可以使学生获得发展。不可否认，语言智能和逻辑数学智能是学生多种智能中重要的两种智能，但这两种智能并不是全部，而且有些学生在这两方面并不擅长。因此，在对学生进行教育时，不能采用统一的方法，而是要关注学生之间存在的差异，并根据学生的差异采取多样化的教学模式，这样既有助于学生智能的开发，也有助于学生学有所得、得有所长。

3.对人才培养目标的指导意义

在人才培养目标确定方面，学校应认识到学生在智能上存在的差异，不能将学生多个智能的同步发展作为目标，而是要结合学生的情况，将某个智能作为主要发展目标，将其他智能作为次要发展目标，这样才能最大限度地激发学生的潜能，使学生获得应有的发展。

实践提升篇

第四章 重塑·卓越教师背景下学前教育专业人才培养模式构建

第一节 卓越教师背景下学前教育专业人才培养目标的调整

随着社会的进步和教育理念的不断更新，我国对学前教育专业人才培养提出了更高要求。卓越教师背景下，学前教育专业人才培养目标的确立具有非常重要的意义，对学前教育专业人才培养能够起到指导和方向作用。如何对学前教育专业人才培养目标进行定位和调整，使其适应社会的发展以及学前教育政策的变化，是目前高校学前教育专业需要致力解决的问题。

一、学前教育专业人才培养目标调整的主要依据

卓越教师背景下，学前教育专业人才培养目标的调整要综合考虑国家关于学前教育专业人才培养方面的方针政策、学前教育事业快速发展的需要、学前教育教专业人才培养教育格局的变革、学前教育专业人才就业自主多元化的要求等方面。

（一）国家关于学前教育专业人才培养方面的方针政策

学前教育专业人才培养的目标要紧跟教育部的相关方针政策，做到与时俱进、因地制宜。2018 年 11 月，中国共产党中央委员会、中华人民共和国国务院发布《关于学前教育深化改革规范发展的若干意见》，《意见》指出学

前教育的规范发展路径，即要大力加强学前教育教师队伍建设，完善教师培养体系。其中特别强调：要完善学前教育教师培养体系，办好一批幼儿师范专科学校和若干所幼儿师范学院，支持师范院校设立并办好学前教育专业；中等职业学校相关专业重点培养保育员；根据基本普及学前教育的目标，制定学前教育专业培养规划，扩大本专科层次培养规模及学前教育专业公费师范生招生规模；前移培养起点，大力培养初中毕业起点的五年制专科学历的学前教育教师；引导学前教育专业毕业生从事幼教工作，鼓励师范院校在校生辅修或转入学前教育专业，扩大教师供给；创新培养模式，优化培养课程体系，突出保教融合，健全学前教育法规及规章制度，加强儿童发展、幼儿园保育教育实践类课程建设，提高学前教育专业人才培养专业化水平。2021年11月，教育部发布关于《中华人民共和国教师法（修订草案）（征求意见稿）》公开征求意见的公告，此次《征求意见稿》从教师的权利和义务、资格和准入、聘任和考核、培养和培训、保障和待遇、奖惩和申诉、法律责任等方面予以明确，重点明确了教师国家公职人员的身份定位；提高教师学历准入门槛(幼儿园教师资格，应当具备高等学校学前教育专业专科学历)；教师行使教育惩罚权；提高教师福利待遇，设立国家教师奖。

以上这些教育政策强调要建设一支高素质的专业化学前教育教师队伍，加强学前教育专业人才的培养，拓展学前教师教育的培养主体，提高学前教育教师的培养层次，探索新的培养模式，加强教学实践环节等，促进学前教育教师的培养目标顺应我国和世界教师的发展趋势，使学前教育教师的培养目标符合教师专业化发展的要求。

（二）学前教育事业快速发展的需要

目前，我国学前教育事业正处于飞速发展时期。2010年，《国家中长期教育改革和发展规划纲要（2010—2020年）》强调，要积极发展学前教育，到2020年，普及学前一年教育，基本普及学前两年教育，有条件的地区普及学前三年教育，重视0～3岁婴幼儿教育。2021年12月，教育部、国家发展改革委等九部门联合印发《"十四五"学前教育发展提升行动计划》的通知，重点强调进一步提高学前教育普及普惠水平，到2025年，全国学前三年毛入园率达到90%以上，普惠性幼儿园覆盖率达到85%以上，公办园在幼儿园占比达到 50% 以上；覆盖城乡、布局合理、公益普惠的学前教育公共服务体系进一步健全，普惠性学前教育保障机制进一步完善，幼儿园保教质量全面提高，幼儿园与小学科学衔接机制基本形成。此外，还强调完善普惠保障机制。切实落实各级政府发展学前教育责任，优化完善学前教育管理体制、办园体制，落实政府投入为主、家庭合理分担、其他多渠道筹措经费的机制，健全幼儿园教师配备补充、工资待遇保障制度，提升教师专业能力，促进普惠性学前教育可持续发展；深化幼儿园教育改革，坚持以游戏为基本活动，全面推进科学保教，加快实现幼儿园与小学科学的有效衔接；推进学前教育教研改革，强化教研为教师专业成长和幼儿园保育教育实践服务；健全幼儿园保教质量评估体系，充分发挥质量评估对保教实践的科学导向作用，提高教师专业素质和实践能力。

随着我国学前教育教师的社会需求量、需求类型的急剧增加，学前教育教师的培养质量要求也在不断提高。包括高等职业学校在内的高校纷纷开办学前教育专业、扩大学前教育专业的规模，学前教育的发展遇到了前所未有的机遇。学前教育专业人才培养要善于把握机遇，确保培养目标的合理性和培养规格的准确性。学前教育教师培养目标的确立要体现快速发展的学前教育事业对高质量学前教育教师的需求，但要避免因为规模的扩大而影响质量的提高。

（三）学前教育教专业人才培养教育格局的变革

随着学前教育事业的不断发展，我国学前教育专业人才培养的教育格局也在不断发生变化，正由三级师范向二级师范过渡，其未来的发展走向必然是教师教育的一体化。从世界范围的学前教育发展情况来看，学前教育专业人才的学历标准在不断提高，越来越多的国家要求幼教专业的入学新生必须具有高中毕业水平，学前教育教师则必须具备大专甚至大学本科以上学历。在这种形势下，我国各地的幼儿师范学校通过并入高师，或创办专科教育或改办其他层次、性质的教育等途径，结束了中专学历学前教育教师的培养使命。学前教育专业人才培养的这一发展趋势要求高校学前教育专业必须审时度势，进行科学的目标定位。

（四）学前教育专业人才就业自主多元化的要求

学前教育专业人才培养目标要把学前教育专业学生的职业理想作为现实依据来进行调整。学前教育专业人才培养目标要对学生选择学前教育专业作为职业的动机和其职业理想进行充分考察，以便作为调整学前教育专业人才培养目标的参考。高校毕业生的市场化就业机制为大学毕业生的自主择业提供了自由空间，也带来了就业的不确定性，从而导致学前教育专业人才就业方向的多元化。以就业为导向的学前教育专业人才培养，在修订专业培养目标时必须考虑学生就业的可能空间。

二、学前教育专业人才培养目标的调整要点

学前教育专业人才培养目标的调整需要明确人才培养的方向、规范人才培养的类型、细化人才培养的规格和要求（图4-1）。

图4-1 学前教育专业人才培养目标的调整要点

（一）明确人才培养的方向

人才培养方向对某一专业所培养的人才职业种类进行了明确。目前，学前教育专业人才培养教育机构主要包括幼儿师范高等专科学校、高等职业院校以及高师本科学前教育及相关专业。幼儿师范高等专科学校学前教育专业人才培养的覆盖面比较窄，培养方向主要是以学前教育教师为主；高等职业院校学前教育专业人才培养的覆盖较宽，培养方向主要以学前教育教师、早教教师、健康保健师等专业人才为主；高师本科学前教育及其相关专业人才

培养的覆盖面广泛，包括学前教育教师、学前教育科研人员和管理人员、早教中心教育工作人员以及与学前教育有关的少年宫、图书出版等相关部门的从业人员。

（二）规范人才培养的类型

学前教育人才培养目标需要对人才培养的类型进行规范。一般来说，同一类专业中根据不同人才在实践过程中的差异可以分为理论型人才和应用型人才两种类型。学前教育专业人才培养机构应该从学科发展、市场需求、学校自身办学条件等方面进行综合考虑，来规范人才培养的类型。从目前我国学前教育专业人才培养目标的类型定位而言，高等职业院校、幼儿师范高等专科学校应坚定不移地将自己的办学目标锁定在应用型人才培养上，二者略有差异的是在对应用型人才具体类型的认识及定位上。高师本科学前教育及相关专业需要实现人才培养类型的转变，即从以培养理论型人才为主、应用型人才为辅向培养应用型人才转变。此外，我国目前学前教育专业人才培养呈现出多种格局并且层次化明显，包括中专、大专、本科以及研究生教育等四种。从纵向上看，有不同的学历层次，如五年制、三年制大专，培养应用型人才；四年制本科、研究生层次，培养理论型和研究型人才等。从横向上看，学前教育专业人才有不同专长，如艺术教育类、英语教育类、体育类等。这有助于学生在全面发展的同时，其个性也能得到充分发展，使其学有所长，能与学前教育事业的发展需要相适应。

（三）细化人才培养的规格和要求

学前教育专业人才培养需要对人才培养的规格和要求进行细化。首先，不同层级的学前教育专业人才培养机构在人才培养的规格和要求方面存在差别。幼儿师范高等专科学校、高等职业院校以及高师本科学前教育及相关专业虽然都是以培养学前教育专业方面的人才为主，但是这些学前教育专业人才培养机构在类型和层级方面都存在着明显差异。其次，不同的学校类型在学前教育专业人才培养的规格和要求方面存在差异。不同的学校由于其办学理念、学科特色、教学基础、学术积累等方面的不同，其在学前教育专业人才培养的规格和要求上除了有一些共性的特点，还存在一些个性的特点。幼儿师范高等专科学校注重培养人才教育专业理论方面的素养，高等职业学院突出人才职业技能素养的培养，而高师本科学前教育及相关专业既要注重培养人才的学前教育专业理论素养，又要注重培养人才的专业技能和实践能力。

第二节　卓越教师背景下
学前教育专业人才培养教学方法的选择

为推动学前教育教学的发展，各学前教育人才培养机构需要选择有效的学前教育专业人才培养教学方法，从而激发学生的学习兴趣，提高学前教育专业人才培养的有效性。学前教育专业人才培养教学方法要能够充分挖掘每一位学生的内在潜力，尊重每一位学生的个性发展，这样才能够更好地促进其全面发展。下面对几种主要的学前教育专业人才培养教学方法进行探讨。

一、合作学习教学方法

（一）合作学习教学方法的内涵

合作学习教学方法主张尊重学生的人格和个性发展，通过老师与学生、学生与学生之间的通力合作，以小组学习为主要手段来实现人才培养目标。学前教育专业人才培养合作学习教学方法是在理论学习与实践活动的开展中逐步形成并发展完善起来的，是指在教师的指导和学生的参与下，创设一种环境，使学生通过个人的努力或与同伴进行合作学习，克服困难，完成任务，促进学生交流与协作意识双重发展的一种教学方法。合作学习一般通过小组合作学习的形式来进行，其能够充分利用教学动态因素之间的互动，在教师的指导和调控下，使学生之间相互合作、相互帮助，开展合作学习，促进学前教育人才培养目标的达成。

（二）合作学习教学方法的特点

合作学习教学方法的特点主要体现在自主性、实践性、过程性、开放性和统一性等几个方面（图4-2）。

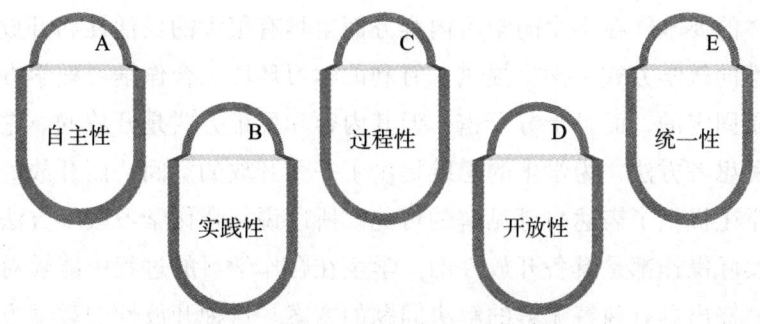

图 4-2　合作学习交流方法的特点

1. 自主性

合作学习教学方法在学前教育专业人才培养过程中以学生作为教学活动的主体，注重学生自主性的发挥，引导学生积极主动参加学前教育专业人才培养教学活动，使其在对学前教育知识和经验充分积累、学习的基础上，进行进一步的探索和发现，通过亲身体验学前教育教学实践活动，将知识纳入自己的认知机构，并运用学到的知识解决问题、培养能力。合作学习教学方法有助于学生主体意识和自主性的培养，有利于塑造学生独立的、个性化的人格品质。

2. 实践性

合作学习教学方法具有明显的实践性的特点。教师在教学过程中，通过学前教育专业人才培养实践活动，调动学生参与学前教育教学活动，强调学生直接经验和间接经验的交融统一。合作学习教学方法能够在学前教育专业人才培养实践活动的基础上增强学生的认知能力，促进学生的全面发展。

3. 过程性

合作学习教学方法不但注重学前教育专业人才培养的教学结果，而且注重学前教育专业人才培养教学过程性的体现，强调学前教育专业人才培养中学习过程和学习结果的和谐统一。合作学习教学方法遵循认知规律的特点，通过学前教育专业人才培养教学活动使学生在对学前教育知识进行认知、形成、应用和创造的过程中，通过发现问题、分析问题再到解决问题的科学研究过程，体验认知知识、运用知识和创造知识的创新过程。

4. 开放性

合作学习教学方法具有很大的开放性，它对学生的学习目标没有特别明确和具体的要求，在学生的学习内容方面也具有很大的灵活性和开放性，这种开放性的教学方式为学生提供了有利的学习环境。合作学习教学方法的教学程序是固定的，而且十分严密，但其内容和思维方式是开放的。它不拘泥于某一种思考方法，为学生的思维提供了一个开放的空间。而开放的教学环境也为学生提供了表达自己见解的可能。所以说，合作学习教学方法从指导思想到实际操作都是具备开放性的。学生在合作学习的过程中能够对问题大胆质疑，提出具有独特见解的解决问题的方案。这种开放性的教学方法有利于学生创新思维和创新能力的培养，有利于提高学前教育专业人才培养的教学效果。

5.统一性

合作学习教学方法的统一性特点主要表现在以下几个方面。

（1）注重实践、认知与情感的统一。合作学习教学方法在教学目标的设计上，不但注重学生实践能力的提升，而且注重学前教育教学的认知和情感，注重三者的统一发展。在学前教育实践教学开展过程中，学生除了能够获得认知方面的发展、增强实践能力外，还能够充分体会到学习的乐趣，提高学习的主动性和积极性，精神需求得到进一步满足，这也能够使教师的教学效果进一步提升。

（2）突出自主、合作与竞争的教学过程的统一。在合作学习中，学生处于主体地位，教师在教学活动中扮演管理者和引导者的角色。在教学过程中，学生的主动性、团队合作意识和竞争意识得到进一步的加强。主动性主要体现在学生能够在学习过程中发现自己学前教育知识和实践能力方面存在的不足，适时调整自己的学习策略，主动通过知识学习、实践锻炼和能力培养提高自己的综合素质和实践能力；团队合作意识主要体现在学生在合作学习过程中注重学习的系统性、全面性和科学性，能够在团队中积极进行知识的共同学习和分享，通过相互合作促进自身能力的提升；竞争意识主要体现在合作学习过程中，学习小组之间、团队之间以及内部学生之间存在竞争关系，这种团体以及个人之间的竞争能够激发个体的学习动力和学习兴趣，促进学前教育专业人才培养目标和教学任务的实现。

（3）强调科学性、针对性和时效性的教学内容的统一。合作学习教学方法对教师教学内容的选择强调科学性、针对性和实效性的统一。科学性指的是合作学习要求教师在进行教学内容的选择时，选择的教学内容要适合在学习小组之间开展，要能够调动学习小组成员的积极性，激发他们发挥各自的优势和特长，促进教学目标的达成；针对性指的是合作学习教学内容的选择要根据国家教育政策，结合学校和学生的实际情况和具体特点，有利于学习小组和团队之间有针对性地开展学习和研究活动，从而实现教学效果的明显提升；实效性指的是教师在进行教学内容选择时，要充分考虑所选择教学内容的可行性以及学生最终的学习效果。学前教育专业人才培养合作学习教学方法在开展过程中要强调教学内容科学性、针对性和时效性的统一，从而有效激发学生的学习兴趣，促进学前教育专业人才培养教学效果的提升。

（三）合作学习教学方法的具体实施

合作学习能够促进学生主动学习和自主发展，有利于充分发挥学生的主体作用，激发学生参与学习的热情和信心；有利于培养学生的竞争意识、团队意识和创造性思维。合作学习能够通过小组成员之间的协作，使个体差异在集体教学中发挥积极作用。学前教育专业人才培养合作学习教学方法的具体实施如下（图4-3）。

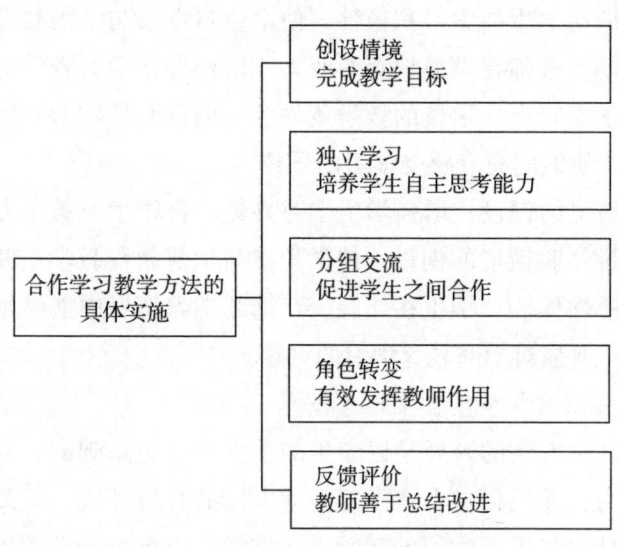

图4-3　合作学习教学方法的具体实施

1.创设情境，完成教学目标

合作学习教学情境的创设，能够培养学生的合作意识，使教师更科学合理地完成教学目标。教学情境的创设需要从以下几个方面着手。

（1）精神情境的创设，激发学生学习积极性。在合作学习实施过程中，要注意精神情境的创设。教师要善于运用面部表情、眼神、动作等，在教学中与学生充分互动，给予学生鼓励和肯定；教师还要善于营造轻松愉快的课堂气氛，充分调动学生学习的积极性和自信心，促进学前教育专业人才培养教学目标的达成。

（2）问题情境的创设，激活学生创造性思维。待处理的问题往往能刺激学生创造性思维快速形成。教师可以通过创设问题情境，引导学生积极思考与讨论，不断寻找方法尝试解决问题。在这一过程中，有助于学生形成创造性思维。设置恰当的问题有利于学生对学前教育知识的掌握，有利于促进学生注意力的集中和思维活动的开展，同时也是师生之间相互交流、加强沟通合作的一种重要手段。

（3）游戏情境的创设，唤起学生参与意识。游戏是一种富于趣味性的活动，在学前教育专业人才培养合作学习教学过程中，游戏的适当运用能够活跃课堂气氛，调动学生的学习积极性，使学生自觉参与学前教育专业人才培养教学实践活动。教师在学前教育专业人才培养合作学习教学方法实施过程中，可以结合学生特点、学校的教学条件等，创设有趣的游戏情境，唤起学生的参与意识，使他们充分感受学习的乐趣。

（4）体验情境的创设，增强学生学习兴趣。合作学习教学方法实施过程中，教师要通过体验情境的创设，使学生参与学前教育教学实践活动，获得成功、失败等感性体验。学生在体验、互动的学习情境中能够加深对学前教育知识的理解，增强对学前教育学习的兴趣。

2.独立学习，培养学生自主思考能力

合作学习教学方法的开展是以学生的独立学习为基础的，只有个体具备独立学习的能力，才能促进合作学习教学方法的有效开展。教师在教学中要留给学生充分独立思考和学习的空间，允许学生以自身个性特点、能力水平为依据，有目的地、能动地、自主地、自由地独立思考，使其尝试依靠自己的知识结构和能力解决问题，突出个性化学习，明确学生的主体地位。

3.分组交流，促进学生之间合作

通过独立学习阶段的自主思考，每个学生都构建了自己对事物的不同理解，这时，通过分组交流的方式，能够促进学生之间的合作，提高学生的团队合作意识和学习能力。通过分组交流，小组成员对问题各抒己见，相互启发和补充，以此加深学生对问题的理解；所有组员都应在主动学习的同时，帮助其他同学学习，通过互相教学实现共同提高；通过小组讨论的方式进行全班交流，各组派出代表对本组集体讨论的初步成果进行汇报，并在不同观点的相互补充、交锋和修正中，达成全体成员的共识、共进。在此过程中，每个学生都可以感受到合作的力量，同时增强自身在集体合作中的交往能力。为了真正落实学习的合作性，避免其流于形式，各小组之间、小组内成员之间应互相配合，有序、有效参与小组活动，同时，教师应有计划、有目的地对学生进行教育与训练。

4.角色转变，有效发挥教师作用

在合作学习教学方法中，教师的角色发生了转变，由原来的传授者和训导者转变为学生学习的激励者、帮助者和合作者，这是合作学习教学方法取得成功的重要因素。在学前教育专业人才培养过程中，对于学生产生的积极行为和创造性思维，教师要发挥激励者的角色功能，给予其充分鼓励和肯定；在学生出现观点错误或思维受到限制时，教师要及时给予必要的纠正和提示，发挥帮助者的角色功能；当学生受到认知水平的限制不能很好完成教学任务时，教师要一起参与进来，与学生共同研究，一起解决问题，发挥合作者的角色功能。在学前教育合作学习教学方法的实施过程中，只有教师充分发挥激励者、帮助者和合作者的角色作用，才能促进学前教育专业人才培养的有效开展。

5.反馈评价，教师善于总结改进

在合作学习教学方法中，教师要善于对反馈和评价进行归纳和总结。一方面，教师对学生阶段性学习的反馈评价有利于学生了解自身的学习成果，明确自身与目标之间的差距，从而将学生的求知欲充分激发出来。另一方面，反馈评价以小组为对象，对合作学习过程中的学生表现进行评价性总结，评价内容主要围绕学生在小组中的学习方法、态度、能力和效果等，同时注意从正面发挥评价的导向作用，表扬合作良好的小组。

（四）合作学习教学方法实施中应该注意的问题

在合作学习教学方法实施中要注意以下几个方面的问题。

1.注意学生实践能力的培养

在合作学习教学方法的实施过程中，教师要注意对学生实践能力的培养。只有在学习过程中帮助学生认识到实践能力的重要性，在合作过程中鼓励学生组成小组共同参与学前教育实践活动，通过相互合作，锻炼学生的实践能力，才有利于学生在实践教学中合作行为习惯的养成。

2.注意教学过程中分组的合理组织

在合作学习教学方法的实施过程中，教师要注意对教学过程的精心设计和合理组织。在进行分组学习时，要打破传统的教学分组习惯，创设一种民主、自由的分组方式。此外，教师要对分组提供合理的指导，要结合教学大纲、教材特点和教学重点，指导学生科学合理进行分组，使学生通过分组实现广泛的交流与合作，在分组中进行角色变化、小组竞赛等，提升学前教育教学和人才培养的实际效果。

3.注意"收"和"放"关系的正确处理

在合作学习教学方法的实施过程中，教师要注意正确处理"收"和"放"的关系。"收"指的是教学过程中教师统一、集中的教学；"放"指的是教学过程中学生自主学习的空间。在学前教育专业人才培养合作学习过程中，实施的是小组之间开放式、互助式的学习，学习的主动权掌握在学生手里，学生在学习时间和学习空间上拥有较多的自由分配的权利。但是这并不意味着合作学习是"放羊式"的教学方法，教师在教学活动的开展中起着不可忽视的指导性作用。合作学习教学方法开展的目的是帮助学生通过群体的合作学习，培养学生自主学习、自主探究和自主解决问题的能力，进而培养其合作意识和创新精神。这种教学方法是一种收放有序、统而有法的灵活教学方法。

二、任务驱动教学方法

（一）任务驱动教学方法的内涵

任务驱动教学方法指的是在课堂教学中，学生在教师的引导下，紧紧围绕一个共同感兴趣的任务，在想要完成任务的动机驱动下，通过主动应用教材、网络、学案等相关学习资源，进行自主探索和协作学习。在寻求一定的方法和途径完成既定任务的同时，对所学的知识进行建构，培养创新意识和创新能力，提高解决问题的能力和自主学习的能力。学前教育专业人才培养任务驱动教学方法要求教师通过对学前教育教学任务的巧妙设计，将学生将要学习的学前教育知识隐含在设计的教学任务之中，使学生通过对任务的分析和探究，培养开拓进取、勇于创新的精神。

（二）任务驱动式教学方法的特点

任务驱动教学方法以建构主义学习理论为指导，强调教师的主导地位和学生的主体地位，注重学生分析问题和解决问题能力的培养，其主要特点表现在以下几个方面（图4-4）。

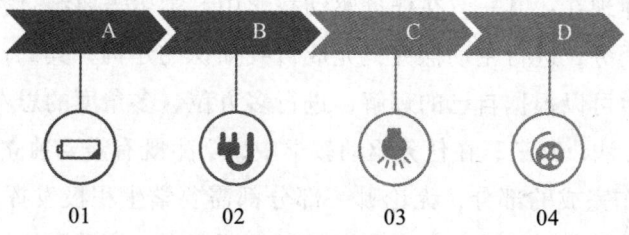

图4-4　任务驱动教学方法的特点

1. 以任务为主线

在任务驱动教学方法中，任务作为主线贯穿于整个学前教育教学过程，其蕴含在具体的任务之中，在教学活动中处于中心的位置。在任务驱动教学方法的实施过程中，整个教学活动是任务主导下的一项有目的、有计划的活动，在教师的精心设计下，教学活动的安排符合学生认知规律的特点，能够使学生通过接受任务、执行任务、完成任务一系列操作，在增加学前教育教学课程趣味性的同时提升学生的创新思维和综合能力。

2. 以教师为主导

在传统教学方法中，教师处于教学活动中心角色的位置，难以与学生建立起有效的沟通和交流。任务驱动教学方法的应用，使教师的角色发生了根本性的转变，由传统教学方法下的中心角色转变为任务驱动方法下的主导角色。任务驱动教学方法下，教师的主导作用主要体现在：其一，教师需要根据学生的实际情况，结合学前教育专业人才培养的教学目标及相关教学要求，设计出适合教学活动开展的任务；其二，教师需要根据学前教育专业人才培养教学活动的开展情况创设适合教学任务的情境；其三，在学前教育专业人才培养教学活动中，教师需要根据任务的完成情况对学生给予及时的指导和必要的帮助；其四，教师要根据学前教育专业人才培养教学目标和任务的完成情况来对整个教学过程进行恰当的评价，对在任务完成过程中反馈出的问题进行有效解决。

3. 以学生为主体

在任务驱动教学方法中，学生由知识的被动接收者转变为知识意义的主动建构者，使自身主体性得到了充分的发挥。任务驱动教学方法下，学生的主体性主要体现在：其一，在任务驱动教学中，学生需要结合教师在教学活动中设计的任务，进行主动探究，完成自我知识的建构；其二，在任务驱动教学中，学生可以根据自己的理解，进行多方位、多角度的思考，自主选择完成任务的方法；其三，在任务驱动教学中，学生既有需要独立完成的部分，也有需要协作完成的部分，无论哪一部分都需要学生积极发挥主观能动性，在任务进行中形成自己独立的观点，经过不断思考、完善和交流协作，促进任务的有效完成。

4. 可操作性强

在任务驱动式教学方法中，教学内容要紧紧围绕教师精心设计的教学任务来进行，每个任务均含有一个新知识点和认知冲突，有一定的弹性和开放性，这样能够使任务的重点更加突出，有助于学生学前教育理论知识体系的形成，具有很强的操作性。在任务完成的过程中，教师引导学生展开讨论、交流，能够充分调动学生的积极性，提高学生分析问题、解决问题的能力，有利于培养学生的创新精神和合作意识，使课堂教学过程充满民主与个性，使课堂氛围真正活跃起来。

（三）任务驱动教学方法的具体实施

任务驱动教学方法是指在学前教育教学中，以任务为载体，通过科学探究的情境创设，将学生所要学习的学前教育学科知识蕴含在具体的任务之中，使学生在教师的引导下，通过分析学前教育学习的相关问题，完成相应的任务，培养自己综合能力的一种教学方法。学前教育专业人才培养任务驱动教学方法的具体实施如下。

1.创设任务情境，设计任务

首先，在任务驱动教学方法的实施过程中，教师需要结合学前教育专业人才培养教学的相关主题来创设真实、开放的任务情境，情境的创设在任务驱动教学中具有重要的意义，它对教学效果具有直接影响。恰当的情境创设能够调动学生学习的积极性和主动性，激发学生丰富的联想，唤起学生原有认知结构中有关的知识、经验及表象，从而使学生利用这些知识、经验及表象去"同化"或"顺应"所学新知识，发展自身能力。此外，和谐的情境氛围，还为学生随时提出问题、相互讨论创设了条件，让师生得以对话，让学生能够针对教师的讲话、观点提出异议，甚至自主选择具体的学习方式。需要注意的是，情境的创设要尽可能真实、直观和形象，要能够以学生原有的知识为基础，以学生当前的学习内容为指向，有效激发学生的联想，让学生体会到所学知识在日常学习、生活和工作中的应用价值，进而提高学生主动应用知识的意识，促进学生能力的发展。

其次，任务设计是任务驱动教学方法的关键和核心，教师在进行任务设计时要注意学习中心内容的融入，使学生通过任务的完成来促进学习目标的实现。教师所设计的任务要符合学生的认知规律，要把教学内容融入开放平等的教学环境，引导学生自觉地探求知识、获取知识、运用知识。任务是学生学习的直接动力，是问题提出的外在表现，因此任务的设计十分关键。要想让任务成为这一教学方法的关键，教师就要注意任务设计的目标要明确、完整，难度要适宜，要与学前教育专业人才培养的教学内容密切相关，任务设计的形式要多样化，也要具有一定的趣味性，这样才能够给学生提供一定的想象空间，激发学生的学习兴趣和内在学习动机，培养学生的创新和创造精神。

2.自主探索，分析任务

在任务驱动教学方法的实施过程中，教师要引导学生逐步形成自主学习的能力，针对教学活动中所设计的任务，教师要为学生提供认知工具、学习资料等有关线索。学生通过对任务进行深入的分析，实现不同观点的交锋和思想的碰撞，加深对任务解决方案的探索。

3.协作学习，完成任务

通过对任务的分析和探索，教师要引导学生产生自己的观点和解决问题的思路、方法，教师要使学生通过对任务的自主探索，形成自己的见解。经过学生之间的交流和探讨，对观点进行修正和补充，最终形成解决问题、完成任务的方案。

4.评价反思，总结任务

在任务驱动教学方法的实施过程中，学生完成了任务并不等于完成了知识意义的建构，教师必须对学生的学习效果进行评价，这也是这一教学方法实施过程的最后阶段。恰当的评价可以对学生的发展产生导向和激励作用。一般来说，教师对学生学习效果的评价主要包括两方面内容：一是对学生解决问题的过程和结果的评价，即对所学知识意义建构的评价；二是对学生自主学习能力及协作学习能力的评价。在实施任务驱动教学方法时，教师要认识到，对学生学习过程进行评价的目的并非区分学生的资质高低，而是明确学生的个性特点，以便帮助学生找到更适合自己的学习方法，提升学生的学习效果。对此，教师应同时关注学生的学习过程与结果。任务驱动教学方法强调学生的学习过程，要求教师要充分调动学生的学习兴趣，激发学生学习的主动性。因此，教师在任务驱动教学中，应充分发挥教学评价和教学反馈的作用，通过多元变化的评价方式，了解并把握学生的学习状态、进展，对学生遇到的学习问题给予及时点拨与解答，最终推动学前教育专业人才培养教学目标的实现。

（四）任务驱动教学方法实施中应该注意的问题

在任务驱动教学方法的实施过程中，教师需要注意以下两个问题。

1.处理好"教"与"学"之间的关系

在任务驱动教学方法的实施过程中，要注意教师的"教"与学生的"学"之间关系的处理。在教学活动的开展过程中，教师是教学活动的组织者和引导者，学生是学习的主体，两者之间应该构建起和谐统一的关系。首先，教师要注意任务的精心设计，通过任务情境的创设和任务的精心安排，引导学生真正参与学习过程，完成对学前教育相关知识的构建和能力的提升。其次，学生要积极发挥主观能动性，在教师的引导下通过自主学习、自主探索，不断完成经验的积累，获得新知识，提高自身的专业技能。

2.处理好过程与结果之间的关系

在任务驱动教学方法的实施过程中，教师还要注意处理好过程与结果之间的关系。学前教育专业人才培养的教学过程是生动活泼、富有个性特色的过程，在任务完成过程中，教师要重视对学生与他人的协作交流情况，注重对学生自主探究能力的培养。此外，教师还要重视对任务完成结果的反馈，通过结果来发现任务完成过程中所反映出的问题，并及时解决。任务驱动教学方法中过程与结果关系的正确处理有利于促进学生对知识的深刻理解，提升学生的学习能力。

三、新兴教学方法

随着信息技术的飞速发展，慕课、微课、翻转课堂等新兴教学方法开始走进学前教育专业人才培养的课程教学中。

（一）慕课

慕课是"MOOC"的音译，英文全称为 Massive Open Online Course，意指大规模开放在线课程。慕课中的 M（Massive）指的是与传统教学方法相比，其规模更大，不限制网络在线学习的人数。慕课中的 O（Open）指的是慕课平台具有开放性，其教学内容可供任何学习对象自主学习，学生或出于兴趣，或出于需要，都可以免费学习慕课平台的课程教学内容。慕课中的 O（Online）指的是在线学习，有学习需求的学生可结合自身实际情况，对学习地点、学习时间等灵活安排，而且，学生也可以在线上学习的过程中，与教师进行互动。慕课中的 C（Course）指的是慕课平台的课程。慕课主要利用互联网技术和大数据信息挖掘功能，将学前教育专业人才培养课程资源对学习者实行完全开放和共享，使学前教育专业人才培养的资源得到充分利用，最大限度发挥其价值。在传统教学模式中，学生只能在固定的时间和地点进行课程学习，而通过慕课这种新型的教学模式，只要具备便捷的网络设备和智能终端，学生就可以在任何时间、任何地点学习。与传统教学模式不同的是，学生通过慕课可以自由选择需要的内容，还能重复学习某些理解不到位的知识内容，这点是传统教学模式做不到的。在慕课教学模式下，学生可以通过网络与授课教师互动，这不仅能调动学生对学习的兴趣，而且能在很大程度上强化学生的学习效果。以下是慕课教学模式的主要特点（图4-5）。

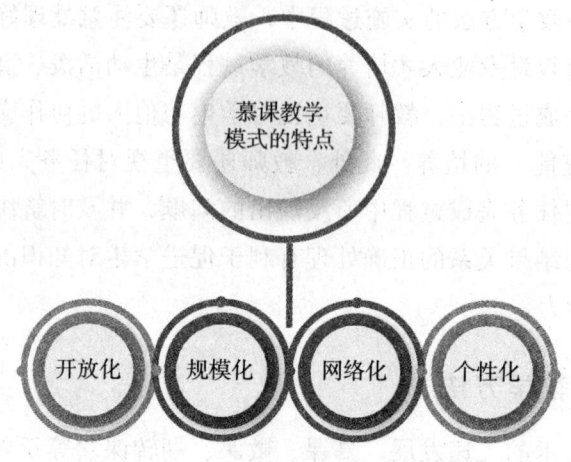

图4-5　慕课教学的主要特点

1. 开放化

慕课教学模式具有公开、自由的开放化特点，学习者不需要任何附加条件，只要具备上网条件就能够利用慕课进行学习。首先，学习对象开放化。学习者不受时间、地区、年级、文化、收入和班级的限制，都可以通过慕课平台随时随地进行在线学习。其次，教学形式开放化。慕课平台支持学生在学习和讨论时使用各种社交学习软件，并利用这些软件创建和共享一些对于自己和他人学习有益的资料。再次，课程和学习资料开放化。慕课平台含有的学前教育专业人才培养课程丰富，学习者在学习过程中获取资源比较快捷，并且这些教学资源也可以根据课堂需要和教学环境的改变而进一步变化，如进行拓展和修正。最后，教育理念开放化。慕课的教育理念是让任何愿意学习的学习者不受时间、空间的限制进行学习，将高质量的学前教育专业人才培养教育资源与学习者联系起来，打破时空的孤立和限制。

2. 规模化

慕课教学模式与传统教学模式有所不同，学习者不受地域和人数的限制，都可以自由参与慕课的学习。首先，学习人数众多。慕课作为一个通过在线视频教授学生的大型开放式课程，在其平台上学习的学生数量是巨大的。其次，拥有大量优质教学资源。慕课在世界范围内广泛发展，目前已经有数百所世界名校加入慕课平台的建设，为学习者提供了大量优质教育资源，这些优质教育资源可供学习者免费学习并共享。再次，需要众多工作人员。慕课的创造与研发是一个由课程视频制作、上传、问题设置、学生互动多个环节构成的完整流程，其中的每个步骤都离不开教学者的专业指导，所以慕课的课程建设需要由开发人员、实验助理、教育助理等多方人员协作实现。最后，需要投入大量时间、资金与精力。通过互联网技术，慕课为全球范围内的学习者提供高质量课程，这离不开庞大的资金支持。而慕课平台中教学的设计、课程的安排与制作等也离不开教师大量的精力投入与时间投入。

3. 网络化

首先，慕课的网络化特点体现在通过网络进行的知识讲座方面。慕课开设者对慕课的内容进行审核之后，可以将学前教育专业人才培养课程上传到慕课平台，供学习者自由无障碍地参考学习。其次，慕课的网络化特点还体现在线上自由学习和讨论学习多种学习模式共存方面，学生可以自由地选择适合自己的学习方式。最后，慕课系统通过学生的浏览痕迹对学习者日常的学习行为进行记录和分析，使管理者能够根据这些记录了解学生的学习情况，从而对学前教育专业人才培养课程进行调节，为学生提供更好的学习资源。

4. 个性化

慕课的个性化特点可以从以下三方面体现。第一，学生在慕课平台中可以进行完全个人的学习活动。学习者可先在教学平台中选择学校，然后选择自己需要学习或感兴趣的课程，最后根据自身的实际条件，如空间、时间等制订学习计划、开展学习活动。第二，慕课具有多样化的课程目标推荐。慕课平台为学习者提供了多种学习模式，学习者可结合自身的实际需要对学习目标进行规划。第三，慕课会围绕课程资源为学生提供个性化建议。平台会收集学生的日常学习痕迹，分析学生的学习行为习惯，并以此为依据向学生推荐优质的学习资源，从而大大节省学生的时间。

（二）微课

微课是指运用信息技术，按照人类的认知规律，为学习者呈现碎片化学习内容、过程及扩展素材的结构化数字资源。[①] 微课的主要构成要素是课堂教学视频（课件），同时还包括教学设计、素材、教学反思、练习测试等与教学主题相关的辅助性教学资源。这些构成要素在一定的呈现方式和组织关系下，共同营造了一个半结构化、主题式的资源单元应用小环境。因此，微课作为一种新型的教学模式，拥有许多与传统教学模式不同的特点，其具体特点如下。

1. 主题明确，重点突出

微课的教学目标比较单一，其主要是针对某一学科中的知识难点和疑点内容进行解决。在使用微课进行学前教育教学时，一个微课视频主要就一个主题进行说明，其主题来源于学生在学前教育专业人才培养教学实践中遇到的具体问题，包括教学反思、难点强调、学习方法、学习策略等。微课只有主题明确、重点突出，才能在有限的时间内准确表达出教师所要教授的内容，更好激发学生的学习兴趣，方便学生系统全面进行知识的学习和掌握。

2. 短小精悍，便于学习

首先，微课充分体现了"微"的特点。微课的时长一般在 10 分钟左右，有利于学生注意力的集中，使其不容易产生视觉上的疲劳。其次，微课的内容是课程的浓缩，一个微课视频往往围绕一个知识点或教学难点来展开，尽量做到浓缩化、精简化。微课短小精悍、内容容量较小，并且支持多媒体播放形式，教师可以将其保存到多媒体终端，方便学生利用碎片化时间，随时随地进行学习。

3. 资源多样，选择灵活

微课往往可以呈现出多种多样的学前教育专业人才培养教学资源类型，微课视频可以由不同的制作方法制作而成，并且其也可以和图片、文字、音乐等资源形式进行整合，进一步提高学生对微课学习的兴趣。此外，学生在利用微课进行学习时，可以结合自己的实际需求和学习进度自主进行选择，对在学习过程中遇到的疑点、难点内容可以反复、有针对性地学习，直到弄懂为止。

4. 活跃课堂气氛，增强师生之间互动

微课作为一种新型的教学模式，它的出现在满足学生知识渴求与猎奇心

---

① 张显华. 微课的课堂运用模式 [J]. 中文信息，2017(12)：128.

理的同时，也能够活跃课堂气氛，有效调动学生学习的积极性和主动性，其还能够有效改善传统教学模式中教学内容单方面输出的情况。在微课教学开展的过程中，教师与学生之间的互动得到加强，依靠微课这种新型的教学模式，教师不仅仅及时收集了学生课程学习的兴趣点，同时，对于学生在学习中存在的疑问，教师也能够及时进行回答。这无疑会为教师课程后期的设计提供便利条件，使学生的知识渴求得到一定的满足，进一步提升学前教育专业人才培养的课程教学效果。

（三）翻转课堂

翻转课堂译自"Flipped Classroom"或"Inverted Classroom"，也可译为"颠倒课堂"，是指重新调整课堂内外的时间，将学习的决定权从教师转移给学生。[①] 在翻转课堂教学模式下，课堂内外的教学时间被重新调整。学习的决定权不再属于教师，而是由学生来掌握。学生在课堂教学开始前和课堂教学结束后，可以通过观看视频讲座、收听播客、阅读功能强大的电子书等方式来进行学习，还能通过网络与别的同学进行讨论，以及随时去查阅自己需要的相关材料。而在课堂内的宝贵时间，教师不再消耗大量的时间进行知识的讲授，学生也能够专注于学习活动的开展。教师能够有更多的时间与学生一起交流，研究解决学生在学习中遇到的实际问题，从而使其对学前教育相关知识获得更深层次的理解。在这种教学模式下，学生需要自主规划学习节奏、学习内容、学习风格和呈现知识的方式，教师则需要采用讲授法和协作法来帮助学生促成他们的个性化学习，最终通过学前教育专业人才培养实践活动保证学生学习活动的真实性。翻转课堂是对基于印刷术的传统课堂教学结构与教学流程的彻底颠覆，由此引发教师角色、课程模式、管理模式等一系列变革。翻转课堂教学的主要特点如下。

1. 教学主体的多元与互动

翻转课堂颠覆了传统的课堂教学模式，使教学主体由单一化向多元化转变。在翻转课堂中，教学主体不仅仅是教师和学生，还包括学校、社会和家庭，呈现出多元化的特点。采用翻转课堂教学模式，使学生在家通过教学平

① 文倩. 翻转课堂的教育心理学基础探析 [J]. 课程教育研究（学法教法研究）,2018(16)：2.

台先完成学前教育知识的学习，将课堂变成老师和学生互动的场所，包括答疑解惑、完成作业等，从而达到更好的学前教育专业人才培养效果。另外，在翻转课堂中，教师从传统课堂中知识传授者的角色转变为学生学习的促进者和指导者，教师不再是知识获取的唯一来源，以学生为中心的教师、学校、社会、家庭的多主体知识体系逐渐形成。在教学过程、课堂内外、教学方式等方面，师生呈现出互动、协商的特点，师生之间关系更为和谐、课堂更为人性化、家长的参与度更高。

2. 教学载体的高效与创新

传统课堂往往以语言与教材作为教学的主要载体，而翻转课堂突破了这种模式，其借助信息技术，通过微视频的方式构建教学载体的新形式。微视频短小精悍，突破了教学时间和空间方面的限制，提供了海量的优质信息资源供学生选择和学习。学生可以在课前观看微视频，在网上进行问题的交流和讨论，教师可以结合学生反馈的问题，有针对性地开展课堂教学，师生之间开展探究和互动，有利于加深学生对知识的理解，全面提高学前教育专业人才培养的效率。

3. 教学过程的自主与灵活

教学过程是指教学活动中教师的"教"和学生的"学"的开展过程，在这一过程中，教师、学生、教学方法、教学内容等各种要素在一定程度上都会对教师的教学效果产生影响。在翻转课堂教学模式下，学生可以结合自己的知识水平、学习进度等实际情况自主选择教学内容，对自己的学习负责，通过学习目标的确立、学习进度的自我监督、学习效果的自我评价来自主构建学前教育学习过程，完成对学前教育相关知识的学习，并付诸实践。

4. 教学资源的集成与共享

翻转课堂通过信息技术的支持，将文本资源、图像资源、动画资源、声音资源和视频资源等分散的教学资源进行整合，使这些教学资源共同为教学主体提供服务，体现了教学资源的集成性特点。这些集成性的资源构成了翻转课堂理论知识资源和实践经验资源的内容体系，具有数量大、全面性的特点，极大地丰富了学前教育专业人才培养课堂教学的内容。同时，这些集成性的教学资源不断进行更新、重组，体现了其动态可持续发展的态势。此外，翻转课堂的教学资源还呈现出共享性的特征。在微视频支持下，翻转课堂的实施为学前教育专业人才培养教学资源的共享提供了条件：在课前，翻转课堂将所有教学资源与师生共享，为知识信息的传递提供了便利。在课堂上，为师生等教学主体提供资源交流的机会，实现知识信息的深化。现如今，翻转课堂大量的教学资源以微视频的形式展现，学生通过简单操作就能获取自己所需要的课程资源。

慕课、微课、翻转课堂等新兴教学方法为学前教育专业人才培养教学方法的选择注入活力、提供更多的可能，将学前教育专业人才培养教学与现代信息科技有机结合起来，为教学方法的创新提供了全新发展的方向，推动了学前教育专业人才培养的发展和教学效果的提升。

第三节　卓越教师背景下
学前教育专业人才培养制度的建设

制度是一个组织的行为活动顺利进行并取得相应成效的有效保障。学前教育专业人才培养是一项社会系统工程，其制度建设具有重要意义。政府、社会、学校等教育主体应发挥相关职能，协同合作，从宏观层面、中观层面、微观层面来促进学前教育专业人才培养制度的建设。

一、宏观层面的学前教育专业人才培养制度建设

学前教育专业人才培养宏观层面的制度建设主要是指国家、社会以及文化层面的制度创新，学前教育专业人才培养与制度之间有着密切的联系。学前教育专业人才培养需要建立有利于人才成长的宏观制度环境，就需要从完善国家体制机制、健全社会支持制度、注重文化育人作用等几个方面进行建设。

（一）完善国家体制机制

国家体制机制是学前教育专业人才培养得以实现的重要保障。相关制度的建立与完善能够明确学前教育专业人才培养发展的方向和路径。

1.办学制度的完善

学前教育专业人才的培养需要政府从宏观层面对办学制度进行规范。办学制度是深化教育管理体制改革、提高公共教育服务水平的重要举措，其是以规章制度的形式对办学者、管理者之间的关系进行规范，明确各方的权利和义务，是保障学前教育专业人才培养顺利开展的有效措施。政府要转变职能，将办学自主权下放给各个高等院校，积极发挥宏观调控的作用，对高校办学机制进行有效规划和指导，通过监督、政策指导等方式实现对高校行政职能的行使。

2.财政投入制度的完善

充足的资金是学前教育专业人才培养的前提和基础。我国虽然每年都在不断加大对教育的投入，在学前教育专业人才培养方面也是如此，但资金问题始终是影响人才培养成效的重要因素之一。因此，国家要加大对学前教育专业人才培养的投入力度，建立多元化的投入制度，从多方面对学前教育专业人才培养的投入制度进行完善。一方面，国家和地方各级政府要加大对学前教育专业人才培养的成本投入，确保各项培训补贴政策得以落实，使政府的引导资金得到充分利用。具体来说，就是要最大限度地确保各项培训补贴资金落实到位，使就业补助资金支出结构得到合理调整；对学前培训各项补贴资金进行科学整合，使其使用效益得到提高；促使各项经费补贴拨付流程得以简化，使政府的办事效率得到提高；对财政资金管理加以规范，依据相关法律规定强化培训补贴资金监管，保障资金的使用效率与安全。此外，要多方面拓展资金的筹措渠道，如在政府的主导下，建立政府、企业、社会的多元投入机制，通过就业补助资金、鼓励社会捐助等形式，赞助学前教育专业人才培养的相关活动。另一方面，国家要对学前教育专业人才给予奖励。国家对学前教育专业人才的鼓励，能够极大提升学生的职业幸福感和自豪感。从财政上对学前教育专业人才进行资金支持与奖励，能有效调动学生的积极性和主动性，进一步激发学生的学习热情。

3.规划发展制度的完善

作为社会权力调控机关的政府，要积极承担起对学前教育专业人才规划发展的重任。一方面，政府要对学前教育专业人才培养进行顶层设计布局，建立从学前教育、基础教育、高中教育、大学教育到研究生教育的完整教育体系。另一方面，政府要对学前教育专业人才培养工作进行总体规划，制定并完善相应的制度。要把学前教育专业人才培养作为建设创新型国家的一项战略性行动，借鉴国外先进经验，建立并完善具有中国特色的学前教育专业人才培养规划发展制度，通过理论和实践的结合，推动我国学前教育专业人才培养工作的发展进步。

（二）健全社会支持制度

学前教育专业人才培养需要社会方面的广泛支持，主要体现在完善社会和学校之间的合作制度、提供人才公平成长的就业环境、打造良好的人才工作环境、优化社会评估制度等。

1.完善社会和学校之间的合作制度

要加快学前教育专业人才培养，需要鼓励相关企业、教育家等社会力量共同参与学校发展和人才培养规划，完善社会和学校之间的合作制度，建立合作共赢的制度措施，将社会和学校之间的合作以制度的形式落到实处。此外，要努力营造良好的社会环境氛围，让学生保持健康向上的心理状态；最大限度地发挥教师的优势，让教师在培育学生的过程中，产生一种强烈的成就感与使命感，促使教师与学生共同参与探索真理的活动，让学生在教师的帮助下将知识转变为生产力，通过不断解放思想努力推动社会变革，促进学前教育专业人才培养的全面和可持续发展。

2.提供人才公平成长的就业环境

在选人用人上不能一味看重学历，以能力用人是学前教育专业人才培养的重要条件。目前，不少单位在选人用人时存在"重学历、轻能力"的情况。这样的就业环境不利于学前教育专业人才积极性的发挥。社会要为学前教育专业毕业生创造公平的就业环境，保障就业机会的公平，实现学前教育专业人才的高质量就业；要进一步拓展学前教育专业人才职业发展的通道，推动建立学前教育专业人才培训、考核、使用、激励机制；拓展学前教育专业人才成长成才空间，更好地激发学前教育专业人才成长成才的积极性、主动性。

3.打造良好的人才工作环境

首先，提升学前教育专业人才的待遇，增强其工作的幸福感。要为学前教育专业人才创造良好的工作环境，工资待遇是必须合理解决的重要问题。

要建立不重学历重能力的正确用人观，为学前教育专业人才制定合理的工资体系，这对形成尊师重教的新时代社会风尚具有促进作用。

其次，构建合理的学前教育专业人才晋升渠道。要建立相应的人才培养计划，加强对学前教育专业人才的培训，促进学前教育专业人才的能力提升，为其发展提供不断前进的动力，使学前教育专业人才能够在就业前了解行业的就业前景，促进学前教育专业人才职业素养的提升。

总之，学前教育专业人才培养离不开社会的作用，社会只有创造出良好的学前教育专业人才培养生态环境，学前教育事业才能健康发展，学前教育专业人才培养才能取得成功。

4.优化社会评估制度

与学前教育专业人才培养有关的社会评估制度要进一步优化，社会要为其建立起科学规范的评估制度，形成有效的教学质量保障。首先，要最大限度地使政府组织评估的职能得到发挥，按照不同评估标准对各类社会评估机构进行组建，促使高校自我评估、社会组织评估与政府机构评估三者的统一，一方面，要对过程性评估加以重视，另一方面，又要对结果性评估加以重视，借助社会评估机制的不断完善，引导不同类型、不同层级的学校实现学前教育专业人才培养的合理定位，发挥各学校专长，办出特色；其次，对社会评估的计划性、目的性与政策性进行弱化，使社会评估的市场性、潜在性与监督性得到强化，使具有中国特色的社会评估制度得以建立，最大限度地将高校招生、就业与人才培养评估、成果评价评估、课题项目评估及学科专业评估有机结合起来，确保学校能够专心做好人才培养、教学与科研的相关工作；最后，学校要促进学前教育专业人才自我评估制度的建立，最大限度地将用人单位评估与学生评估、家长评估、校友评估及专家评估有机结合起来，激发社会力量参与学前教育专业人才培养活动。

（三）注重文化育人作用

学前教育专业人才培养要注重文化育人的作用，建立自由开放的文化育人环境，发挥校园文化的育人功能，以优秀文化育人，达到文化育人的目的。

1.建立自由开放的文化育人环境

学术自由、文化开放是世界名校存在发展的优良传统，其对学前教育专业人才培养同样具有重要的理论指导和实践意义。高校作为人才的聚居地，只有建立自由开放的文化环境，才能进一步激发人才的发展动力。自由开放的文化环境是学前教育专业人才培养的沃土，只有在学术自由、文化开放精神价值的指引下，以追求真理和奉献社会作为职业理想和崇高目标，秉持自强不息的学习精神和严谨科学的学术态度，学前教育专业人才才能推动学前教育事业的发展，促进学前教育专业人才培养的可持续发展。

2.发挥校园文化的育人功能

校园文化是隐形的教育资源，是学前教育专业人才培养的重要载体。健康向上的校园文化氛围能够帮助学生端正学习的态度、明确学习的目标，为学前教育专业人才培养提供正确的导向。校园文化在学前教育专业人才培养中主要发挥导向作用，因此，高校要挖掘校园文化的内涵、拓展校园行为文化的形式、培养学生良好的行为习惯，发挥校园文化的育人功能。首先，校园文化具有非常丰富的内涵，能够有效发挥其育人功能。其次，高校要充分拓展校园行为文化的形式，结合学生的特点，开展多样化的校园行为文化。高校可以通过校园社团文化、寝室文化等多种形式来丰富和拓展校园内行为文化，这些文化形式贴近学生的生活，对学生具有很强的吸引力。校园行为文化是对学生思想进行内化的重要手段，高校要重视学生寝室文化、社团文化的相关建设工作，积极采取措施，促进寝室文化、社团文化等多种文化形式的健康发展，进而影响学生的日常行为，使其健康全面发展。再次，高校要充分利用学生社团活动在加强学生行为规范中发挥的积极作用，通过开展学生社团活动增强学生的自我认同感和社会责任感，使其在丰富多样的课外文化活动中养成良好的行为习惯。最后，也可以通过专业实践活动强化学生的组织协调能力、职业规则意识和团结协作能力，以此来促进学前教育专业人才培养的发展。

二、中观层面的学前教育专业人才培养制度建设

学前教育专业人才培养中观层面的制度建设需要创新人才培养理念、改革人才培养体制、健全教学管理制度。

（一）创新人才培养理念

学前教育专业人才培养需要创新人才培养理念，树立人文教育思想、创新教育思想、个性教育思想。

1. 树立人文教育思想

人文教育思想是现代教育思想的重要组成部分。学前教育专业人才培养中的人文教育要求学生不仅要注重人文知识的学习，更要注重对人文知识的实践；既要重视良好人文环境的熏陶作用，也要重视对学前教育学科人文底蕴的挖掘。

教育的本质说到底是人的教育，我们所强调的知识教育、专业教育其实都是建立在人的教育的基础上的。人文性是教育的根本属性，其目的是通过人文素养教育使人更高尚、更自觉、更高雅，在拥有开阔心胸的同时，更加注重精神方面的追求。人文教育思想深刻体现了教育者对受教育者的人文关怀，强调人的和谐发展，注重对人生价值和意义的追求，主张通过全面解放人的个性、激发人的潜能，从而实现人自由而全面的发展。人文教育思想的观点主要体现在以下几个方面。

（1）尊重人的个性和自由发展。人文教育思想强调教师要尊重学生的个性，充分关爱和尊重学生，尽量减少对学生行为的干涉，给予学生自由选择的机会。作为独立的人，每个学生都具有自己的个性，在教育教学中，教师要关注不同学生之间的差异，对不同学生要有不同的要求；要充分尊重每个学生的个性，使学生的个性得以充分发挥和展现，培养其创造性思维和分析问题、解决问题的能力，促进学生个性的自由发展。

（2）强调人的价值和自我实现。人文教育思想强调在培养学生的过程中，应该重视学生身心两方面的和谐发展，充分激发他们的潜能，促进其价值的发挥和自我实现。在教育教学中，教师要充分尊重学生的价值和自由，促进学生的不断发展，帮助学生发现自身的优点，克服和弥补自身的缺点和不足，尽可能使其达到自我实现的最大化。

（3）注重人的和谐发展。人文教育思想主张以人的和谐发展为目标。人的和谐发展体现在人在发展过程与他人、社会、自然等方面关系的和谐。在教育教学中，教师要尊重学生的身心发展规律，注重学生的和谐发展，努力提高学生的道德素质、理想信念素质、科学文化素质等。

2. 树立创新教育思想

创新教育思想是我国当代教育实践和人才培养的重要指导思想。创新教育思想是适应社会发展的一种新理念、新思维，是对人才创新精神和创新能力的培养。在知识经济时代，创新教育思想本质上是一种新型的教育思想，具体涉及观念创新、职能创新与实践创新。创新教育的最终目的在于促使个体实现和谐发展，其能够最大限度地将个体潜能挖掘出来，促使个体的主观能动性与创造性得到充分发挥。创新教育的宗旨为创新人才的培养，实质上就是对人的创造素质培养规律与人的创造活动规律的一种遵循。因此，我们说以培养创造性人才为目标的教育就是创新教育。它一方面体现为一种具体的教学模式，另一方面又体现为一种意义深远的教学思想，可以说，创新教育思想是知识经济时代发展的产物。素质教育的重要组成部分之一便是创新教育，创新教育思想的重要核心是对人类创新意识的挖掘，其以弘扬人的创新精神、形成人的创新能力和全面提高人的创新素质为目的，通过对传统教育思想的改革和创新，构建一种全新的教育思想。树立创新教育思想要以学生为中心，以培养学生创新精神和创新能力为目标，充分调动学生学习的积极性和主动性，促进学生综合素质的提高。高校要学习、借鉴和吸收人类社会发展过程中关于创新的优秀文化成果，不断丰富和发展创新教育思想的内容；同时，要结合创新教育的实施沿着，树立开放性、启发性和实践性的创新教育观念，使创新教育在科学的指导和先进观念的引领下健康发展。实施创新教育思想要深化对教育创新职能的认识。在传统观念的认知里，教育的主要职能就是进行文化和知识的传播。随着社会生产力的飞速发展和知识经济时代的到来，教育不单单具有文化知识的传播功能，还具有培育学生创新思维、创新精神和创新能力的职能。随着我国素质教育实施的深入，更要树立创新教育思想，强调对学生创新素质的培养。

3. 树立个性教育思想

学前教育专业人才培养的内在价值诉求主要体现在个性教育思想中，个体创新的基础与源泉是人的个性发展。通常来说，从事学前教育工作的人才应当具备如下特点：对自己感兴趣的事物能够持之以恒地探索，不畏惧任何困难；能够做到坚定思想信念不动摇；在具体实践活动中，讲求实事求是，不唯上、不唯书、不盲从；面对各种社会问题具有怀疑精神与批判意识；具有强烈的好奇心、责任感与事业心；具有健全的人格以及独立的精神等。要想对学前教育专业人才的个性品质加以培养，就需要从高等教育的思想转变入手，使个性化的教育理念得以建立。教师要结合学生实际情况，最大限度地为他们提供更多发挥才能的平台；要充分尊重不同学生之间存在的差异，有针对性地对不同学生的内在潜力进行挖掘，使每一位学生都能够在个性与能力得到充分展示的基础上，实现个体的全面发展。

（二）改革人才培养体制

学前教育专业人才培养需要改革人才培养体制，抓好高校内部的治理工作。

1.新生入学教育工作

高校要充分重视新生入学教育工作，帮助学生适应从高中生到大学生的角色转变，使他们更快更好适应大学生活、提高适应能力，为以后的成长和成才打下良好的基础。高校要结合学校的实际情况，针对新生做好入学教育计划安排和相关工作，可以通过主题班会、新生座谈会、文艺活动等形式，将理想信念教育、爱国主义教育、校规校史教育等融入其中，提高学生的思想认识，增强其对学校的认同感、归属感和自豪感。此外，教师也要帮助新生加强对所学专业的了解，激发他们对学前教育专业的热爱和学习的内驱力，使其以积极的心态投入专业学习，培养自主学习和独立学习的意识和习惯，做好职业生涯规划，为未来的大学生活制定明确而具体可行的目标。

2.学生队伍建设工作

高校要实现高质量发展的目标，构建高质量的人才培养体制，就需要推动学生队伍建设工作的开展，强化教育管理的育人实效。高校学生队伍建设一般由辅导员、学生干事、班主任等教师队伍建设和团总支、学生会和志愿者协会等学生干部队伍建设两大部分组成。一方面，高校要在制度上明确辅导员、班主任的岗位目标和职责权限，帮助辅导员、班主任形成正确的角色认识和角色定位；建立常态化的工作流程制度和执行保障制度，努力提高其工作效率，促进其工作的精细化、科学化发展。另一方面，高校要重视学生干部队伍的建设，努力提高其管理水平和服务水平，使他们的工作能力与工作经验得到培养与锻炼，在具体实践活动中，使他们的业务知识得到不断充实与丰富，使他们的办事能力与办事水平得到不同程度的提高，为高校各项活动的组织与开展奠定良好基础。

3. 学生思想政治教育工作

高校思想政治教育要以学生为中心，坚持立德树人，服务学生、服务学校发展，强化形态和思想政治工作。高校要以学生为本，做好思想政治教育工作，构建高水平的人才培养体制。在为学生开展思想政治教育工作时，高校要结合时代特点和实践要求，不断提高学生思想水平和政治觉悟，创新工作方法，培养学生的理想信念、思想品德、艺术审美等，全面提高学生的思想政治素质。此外，教师要善于利用微信、QQ、微博、微党课等网上教育资源，向学生传播先进的思想理念和党的政治精神，使学生成为德才兼备、全面发展的高素质人才。

4. 学生安全教育工作

安全教育是高校人才培养体制中的重要组成部分，也是大学生知识体系中必不可少的组成部分。抓好安全教育工作，对加强高校的日常管理、维护学校的正常秩序、保障学生的人身财产安全以及促进学生身心健康成长都具有非常重要的意义。高校可利用新生入学、学期开始、学期结束、各种节假日等节点定期进行安全教育，加强科学预警机制及突发事件处理机制的建设。通过学院网站、展板、讲座、主题班会等，为学生进行校园安全常识的普及活动。建立校内安全信息报送网络，实施学生安全异常情况逐级报告制度，确保校园环境的安全稳定。

5. 学校学风校风建设工作

高校应当加强师德师风、学风校风建设，使言行文明、思想活跃、乐于学习、积极进取的良好学习环境与学习风气得以营造，使高校教育教学质量得到保障。高校要以立德树人作为根本任务，对高校文化顶层设计工作给予充分重视，凝练学风、教风、校风与校训，使能够凸显高校优良传统与专业办学特色的精神文化体系与人才培养体制得以构建，促进三级管理考核制度的建立，确保高校人才培养工作实现科学化、制度化与规范化。强化高校的监督约束与制度规范，促使学生养成良好的学习习惯，帮助他们形成遵规守纪、团结协作、阳光自信的优秀品格，使高校的管理水平不断提升，从而更好地为学生的健康成长保驾护航。

6.毕业生教育工作

毕业生教育工作是高校对即将毕业的大学生开展的一项专门性的教育活动，高校毕业生教育工作应加强毕业生择业就业教育，做好毕业生的就业观教育工作，为毕业生提供政策咨询、信息发布、细腻辅导等，提高毕业生的综合素质和市场竞争力，进一步提高毕业生的就业率。高校可以通过组织开展班会、座谈、毕业典礼等活动，培养毕业生的职业意识、感恩意识、诚信意识、责任意识，引导学生以积极、健康的心态走出校园。此外，高校还应该大力开展毕业生创业教育，增强毕业生的创业意识，提高其创业能力，增强其创业的成功率。

（三）健全教学管理制度

学前教育专业人才培养需要健全教学管理制度，实施导师制度、学分制度、分流制度。

1.导师制度

导师制度是教学管理制度的主要内容，也是学前教育专业人才培养的重要举措，其对学前教育专业人才培养具有重要的理论意义和实践价值。高校实施导师教学管理制度，其主要目的就是对学生进行个性化的、具有针对性的培养，提高学生学习的积极性和主动性，达到学前教育专业人才培养的目标。在目前的学前教育专业人才培养中，高校的导师制度需要进行进一步的完善。首先，高校应该设立导师委员会，成立相关的领导小组，加强对导师工作的组织和领导；其次，导师的基本职责是帮助学生完成个人学习计划和职业生涯规划的制定，对学生进行选课、学习、人格养成等方面的全面指导；再次，高校要采用多种方式的导师制度，将辅导员制度、班主任制度和导师制度结合起来灵活运用；最后，高校应对整个导师制度进行工作职责方面的完善，对受聘的导师进行工作量方面的核算，把其考核成绩作为评职定级的依据。

2.学分制度

学分制度对学前教育专业人才培养具有重要的启示作用。学分制度的基础是选课制度。选课制度允许学生在学校规定的课程范围内自由选择专业、课程、任课教师、上课时间，以及自主安排学习进程等。学前教育专业人才培养过程中，要优化学分转换制度，不能将学分局限于学前教育专业人才培养选修课程，而应该将相关实践活动也归入学分的计算，将学分分化到各种形式的课程之中。高校要将学分制度与学前教育专业人才培养充分结合起来，完善包括学前教育专业人才培养实践课程、学前教育专业人才培养相关活动在内的学分认定制度，将学生对实践课程的学习和对相关活动的参与都计入学分之中，进行具体的考核。

3.分流制度

分流制度遵循个性化教育基本理念。分流制度要求在学前教育专业人才培养过程中，教师要充分尊重学生的兴趣爱好和个性发展，并以此为依据来对学生进行分流，引导学生发展兴趣爱好，展现个性，对学生进行分类培养。学前教育专业人才培养中分流制度的实施需要进行合理的设计，要给予学生自由选择的自主权，将学生的兴趣爱好与学前教育专业人才的市场需求充分结合起来，依据高校的特色和教学资源优势，合理地做好分流工作。

三、微观层面的学前教育专业人才培养制度建设

学前教育专业人才培养微观层面的制度建设主要是指教师教学层面的制度完善，即建立发挥教师主导作用、体现学生主体地位、构建和谐师生关系的协同合作互动机制。

（一）发挥教师主导作用

学前教育专业人才培养需要发挥教师的主导作用，正确定位教师知识的传授者、学习的引导者、课程资源的开发者、教学活动的组织者、教学过程的监督者的角色功能（图4-6）。

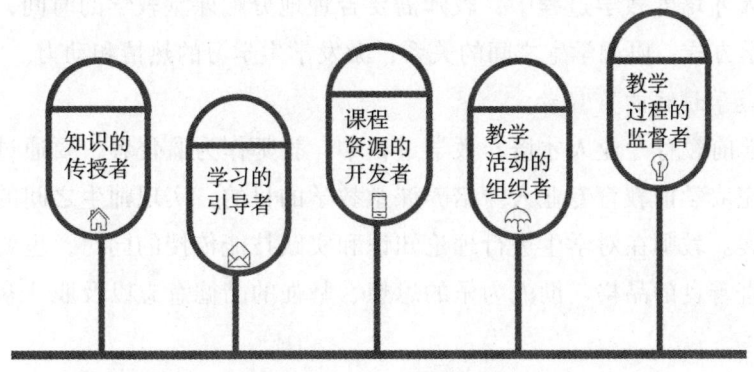

图4-6 教师主导作用的发挥

1.知识的传授者

在学前教育专业人才培养过程中，教师首先应该是知识的传授者。在教学过程中，教师要对学前教育学科的基础知识、专业技能知识进行传授，对学前教育专业人才进行指导和评价。

2.学习的引导者

在学前教育专业人才培养过程中，教师发挥着重要的引导功能，尤其是学生在面对全新的教材和学习中新的知识点的时候，需要教师加以指导和引领。教师对学生学习的引导强调学生的主体性，区别于以往传统教学模式的简单灌输和死记硬背，教师在新型教学模式下对学生的引导注重对学生的启发，使其在老师引导的基础上根据自己的理解加深对教材内容的理解和把握。

3.课程资源的开发者

课程是教育目标和人才培养目标的体现和实施，是学前教育专业人才培养的重中之重，学前教育专业的课程资源是学前教育专业人才培养目标得以实现的重要基石。在教学过程中，教师作为课程资源开发的主要力量，其对课程资源的开发和利用关系到教学目标的顺利实现。教师要结合学生的实际需要，加大对课程资源的开发；要充分调动学生的积极性和主动性，鼓励学生共同投身课程资源的开发；还要充分利用各种媒体，不断充实和更新学前教育专业人才培养课程教学的内容。

4.教学活动的组织者

教师是教育教学活动的组织者，即教师在教学资源分配（包括时间分配、内容安排、学生分组）和教学活动展开等方面是具体的实施者。[①] 在学前教育专业人才培养教学过程中，教师需要合理地分配课堂教学的时间，采取合理的教学方式，协调学生之间的关系，激发学生学习的热情和动力。

5.教学过程的监督者

在学前教育专业人才培养教学过程中，教师作为监督者，要通过有效的监督来完成学前教育专业人才培养课堂教学的目的，实现师生之间的协调和共同发展。教师在对学生进行理论知识和实践技能传授的同时，也要注重对学生正直善良的品格、助人为乐的思想、坚强的品德意志以及职业素养的培

---

① 国秀丽,等.教师职业及教师角色调适[J].高考,2018(27)：1.

养，激发学生对学习的兴趣，唤醒学生参与学习的主体意识，构建和谐的师生关系，促进师生共同发展。

（二）体现学生主体地位

学前教育专业人才培养要充分发挥学生的主体性，促进学生的全面发展。学生主体性的发挥主要体现在以下几个方面。

1. 学生主体地位的确立

首先，在教学活动的开展过程中，教师要强调学生对活动的参与性，注重学生主观能动性的发挥，激发学生对学前教育专业的学习兴趣，把个体活动与集体活动相结合，在促进教学质量提高的同时强调学生的个体认知和发展。其次，学前教育专业人才培养要给予学生一定的自由空间，学生的责任感往往产生于自主性活动，要使学生在教学中成为真正的主体，就要使学生拥有一定的自主权，自觉承担起相应责任。此外，在学前教育专业人才培养过程中，教师要做到从学生的实际出发，为学生营造良好的环境，提倡师生平等和教学民主，充分调动学生参与教学活动，从根本上确立学生的主体地位，有效提升教学质量和学前教育专业人才培养的效果。

2. 学生为主体的教学内容

在学前教育专业人才培养过程中，教学内容的编排要结合学生的特点，从学生的实际发展和需要出发，在注重学生基础层次需求的同时，还要兼顾学生高层次的成长需求，注重学生的素质提高和全面发展；既要注重学生对理论知识的掌握，又要注重对学生实践创新能力的培养；在注重学生整体化发展的同时，还要兼顾学生个体间存在的差异性。教师要根据学生的个体差异对教学内容做出相应的调整，在确立学生主体地位、确保学生个性化发展的前提下，合理有序地安排教学内容，组织教学计划的开展。

3. 学生为主体的教学方法

在学前教育专业教学活动的开展中，教师应该运用多种教学方法有效地调动学生积极性，使学生广泛参与教学过程。教师要针对学生的实际需求，优化教学方式，制定合理的教学方法，激发学生的学习热情和学习动力，培养他们自主学习和自主思考的能力。学前教育专业人才培养教学方法的制定还要强化教学活动中"教"与"学"的双向互动，实现两者的有机统一。良好的教学方法能够积极调动学生和老师两大主体共同参与教学过程，实现良好的教学互动，使课堂气氛更加活跃，最终提升人才培养效果。

4.学生为主体的综合评价体系

学前教育专业人才培养要制定以学生为主体的评价体系，充分考虑学生在基础条件、文化素养、学习能力等方面存在的差异，通过学生的努力程度、课堂表现、技能测试等多项指标对学生进行综合性评价，通过评价激发学生的学习热情，激励学生向更好的方向发展。

（三）构建和谐师生关系

学前教育专业人才培养倡导以学生的发展为本，建立良好的师生关系。师生关系是一种特殊的社会关系和人际关系，良好的师生关系有助于教师指导性和学生主体性的有效发挥，有助于教学任务的顺利完成。良好师生关系的构建需要从以下几个方面着手（图4-7）。

图4-7　良好师生关系的构建

1.建立良好的沟通渠道

社会是一个群体，只有人与人之间进行交流和沟通，社会才得以发展。学前教育专业人才培养也是一样，在教学课堂上，教师和学生之间也需要进行交流和沟通。良好的沟通在学前教育专业人才培养中具有重要的作用，它是教师与学生之间互动的桥梁。沟通是良好师生关系构建的前提和必要条件，师生之间科学有效的沟通渠道的构建，有利于建立民主、平等、和谐的课堂气氛和良好的师生关系，有利于激发学生的学习积极性。

作为一名优秀的教师，除了掌握必要的教学能力和教学方法外，还必须掌握科学的沟通艺术。科学的沟通艺术是教师打开学生心灵之门的钥匙，是构建新型师生关系、实现学生健康全面发展、提高教学治理和人才培养效果的关键因素。

2. 营造和谐的课堂氛围

良好的师生关系建立在教师和学生人格平等的基础之上，它的核心是形成心理上互相接纳、感情上互相交融的师生关系。在学前教育专业人才培养过程中，教师要发自内心地热爱学生，充分了解他们的身心发展规律，选用适合的教学内容、教学方法和教学实践活动寓于教学过程。教师要真切关爱每一位学生，使学生对教师产生由衷的热爱之情，积极主动投入学习。

在具体的教学活动中，教师要做到对学生一视同仁，公平公正地对待每一个学生，对学生不能有亲疏远近之别，特别是对于成绩不太理想的学生，老师的区别对待会造成师生之间的隔阂和矛盾。要帮助学生正确认识学习中出现的问题，不能简单粗暴地批评，要婉转指出并帮助其改正错误。对于学生的进步，一定要多加肯定和鼓励，增强学生对学习的信心和动力，营造积极和谐的课堂气氛。

3. 创建师生互动的交流机制

学前教育专业人才培养是一项长期的任务，不是一朝一夕可以实现的，在人才培养的教学环节中，教师要做好交流和配合工作，特别是要注重创建师生互动的交流机制。首先，在教学过程中，教师要充分利用课堂教学，促进研究式、启发式与探讨式教学制度的建立。教师在实际教学活动中，应当转变思想、转换身份，由教育的主导者转为组织者、合作者等，确保学生真正成为学习的主人，使以往的教学模式发生转变，提倡一种自主合作探究的教学模式。其次，对教学内容中的某一特定主题，教师可以与学生展开积极的探讨，各抒己见；学生也可以以小组合作的方式，提出各自的主张与见解，并对教师某些观点提出质疑。教师在教学过程中与学生是合作关系，而非处于绝对的权威地位，学生与教师之间应当是平等的，在共同的探讨中，双方的能力均能够得到提高。最后，教师与学生在互动过程中实现的心与心的交流，便是和谐师生关系的一种彰显，可以说，这种和谐关系不仅体现在课堂内，同时也体现在课堂外。因此，创建师生互动的交流制度就显得尤为重要。

教师应当结合课堂教授内容，以及学生关注度较高的课题，对改进课程教学的意见进行广泛征集，同时对学生的学习水平、职业发展规划和家庭状况进行全面了解，拉近师生之间的关系，从而密切教与学的关系，促进师生关系的和谐。

第四节　卓越教师背景下
学前教育专业人才培养评价体系的构建

卓越教师背景下，随着学前教育事业的不断发展，高校需要建立相应的学前教育专业人才培养评价体系，对学前教育专业人才培养进行全面的、科学的、准确的评价。

一、学前教育专业人才培养评价体系的构建原则

学前教育专业人才培养评价体系的构建主要坚持导向性原则、全面性原则、科学性原则、实践性原则。

（一）导向性原则

学前教育专业人才培养评价体系的构建要坚持导向性原则，人才培养评价的标准、评价过程的侧重和评价结果的平等要满足社会发展需要，体现学前教育专业人才培养的方针，要具有良好的导向性，能够明确学前教育专业人才培养良性化的发展方向和评价的价值取向。只有坚持学前教育专业人才培养评价体系构建的导向性原则，才能促进学生身心的健康全面发展，确保终身教育和人才培养的价值取向，促进学前教育专业人才培养效果的提升，引导教师和学生工作的正确开展。

（二）全面性原则

学前教育专业人才培养是一个完整而复杂的系统，具有多样化的特点，因此对其评价必须坚持全面性的原则。在对学前教育专业人才培养进行评价时，要全面搜集评价对象的相关信息并进行客观分析，不能只考虑评价对象

的某一方面而忽视其他方面，对评价指标中的项目要平等对待，不能有主次之分，并对其做出客观的恰如其分的评价。此外，在对学前教育专业人才培养进行评价时，要从多角度展开全方位的评价，保证评价的客观性和全面性，切实促进学前教育专业人才培养目标的实现。

（三）科学性原则

科学性原则是学前教育专业人才培养评价真实性和客观性的有效保证。在对学前教育专业人才培养进行评价的过程中，教师要坚持科学的态度，要以客观规律为依据，科学化地选择评价方法、标准以及程序；同时要避免经验式和直觉式的教学评价，在评价过程中，教师要避免受个人爱好、价值观念等主观因素的影响，保证评价结果的准确、可靠。

（四）实践性原则

学前教育是一门具有很强实践性的学科，高校在对其人才培养工作进行评价时，必须结合具体的教学实践活动，在实践中检验人才培养的成果。要把对学前教育专业人才培养工作的评价纳入教育督导实践的结果处理阶段，以便及时发现教育督导工作中的漏洞和不足，从而尽快查缺补漏。评价主要是为了改进，而不是单纯地出鉴定，这是评价理论的精髓，因此，不能单纯地为了评价而评价，而是应该将评价结果运用于下次实践活动，起到前车之鉴的作用，以促进学前教育专业人才培养工作的规范化、科学化发展。

二、建立科学规范的学前教育专业人才评价指标

学前教育专业人才培养评价体系的设计需要把握一定的政策性和技术性，要把国家的教育方针政策作为评价的重要依据，运用科学合理的方法，建立规范的学前教育专业人才培养评价指标。

（一）初步拟定逐层分解的多层次评价指标

教育评价是参照教育目标，通过系统搜集信息，采用科学的方法对教育

活动做出综合价值分析和判断的过程。[1] 学前教育专业人才培养的评价指标需要依据教育评价，将总目标进行分层次设计，分别确定学前教育专业人才培养评价的子目标，并针对评价对象展开具体的分析。评价者要对评价对象进行充分的了解，在此基础上再对评价目标进行逐层分解，初步形成从高层到底层逐级排列的、多层次的教学评价指标，只有这样，评级指标才能够充分反映出评价对象的本质特征和内在联系，并对其进行客观合理的评价。

（二）对教学评价指标的筛选

在对学前教育专业人才培养总目标进行分解的基础上，我们能够得到初步拟定的评价维度和评价指标。但是在这些评价指标中，有的能够准确反映评价对象的本质，有的则不能准确反映评价对象的实际情况，因此，我们需要对评价指标进行进一步的筛选。学前教育专业人才培养评价指标的筛选可以通过简化评价步骤、提高评价质量来实现，这样更便于学前教育专业人才培养评价指标的实施。在筛选过程中，我们通常采取理论推演方法、专家评判方法和实践经验方法三种。理论推演方法指的是根据教育学、社会学、心理学、美学、哲学等相关学科的理论及科研成果，来对学前教育专业人才培养评价指标进行研判，完成筛选和认定工作；专家评判方法指的是采用问卷征询、专人访问、专家研讨会等方式，就初步拟定的学前教育专业人才培养评价指标征询相关专家的意见和看法，并对其进行修订和筛选；实践经验法指的是根据学前教育专业人才培养的实践经验，对初步拟定的学前教育专业人才培养评价指标进行综合分析，完成评价指标的筛选。这三种方法可以根据不同情况选择运用，也可以同时采用两种或三种方法来完成对学前教育专业人才评价指标的筛选工作。

（三）对评价指标进行分析衡量

在完成对学前教育专业人才培养评价指标的初步拟定和筛选两个步骤之后，我们需要对评价指标做进一步的分析衡量，明确评价指标的要素范围界定，避免使学前教育专业人才培养评价指标的评价范围过宽或过窄；还需要

---

[1] 孙河川 . 教育督导与评估指标 [M]. 北京：中国社会出版社，2017：18.

科学衡量评价指标在学前教育专业人才培养评价中的重要性。对评价指标进行分析衡量主要通过以下两种方法来实现。一种是比较法。即将评价指标以两个一组的形式进行分组，通过两两对比来对评价指标的外延范围、某一方面特点等进行比较，得出分析衡量结果。另一种是依靠集体成员的力量。即依靠包括教育部相关人员、学校管理部门相关人员、学校教学科研人员等在内的集体成员的力量，通过他们对学前教育专业人才培养政策的把握和他们在工作中的实践经验对评价指标加以权衡，进行全面的分析和比较，从而得出衡量结果。

（四）教学评价标准的确定

在前三个步骤完成之后，就可以对学前教育专业人才培养评价标准进行确定了。学前教育专业人才培养评价标准一般通过下面两步来实现。第一步，评价标度的设计。标度一般用定性和定量两种方法来表示。定性标度主要是用熟悉、不熟悉，了解、不了解等描述性的语言来表示；定量标度主要是针对评价资料进行"量"方面的分析。第二步，评价标号的设计。标号指的是区别标度的符号，一般用优秀、良好、中等、合格、不合格等具有区别性的符号来表示。

（五）预评实验工作的实行

在学前教育专业人才培养评价指标确立后，我们可以选择小范围的评价对象，以他们作为试点进行预评实验工作。预评实验工作的目的是检验评价指标的效度如何，以及是否具有操作的可行性。通过预评实验工作的反馈信息，我们能够及时发现学前教育专业人才培养评价指标存在的问题并进行修正优化，使学前教育专业人才培养评价指标趋于科学、合理。

三、学前教育专业人才培养评价体系的构建思路

卓越教师背景下学前教育专业人才的培养，打破了常态化的学前教育专业人才培养思路，因此，我们在对其进行评价时，需要突破原有的评价体系的限制。

（一）注重多主体参与的多元化评价方式

学前教育专业人才培养传统教学评价体系中的评价主体一般由学校领导、学校相关管理人员组成，这种一元化的评价方式难免存在偏颇，容易使评价结果出现偏差，不利于学前教育专业人才培养目标的实现。要提高学前教育专业人才培养的成效，就必须进行学前教育专业人才培养评价主体的创新，构建以教师教学评价为主，学校领导、学生、家长、社会等多主体共同参与的多元化评价模式，形成全方位的信息反馈渠道，构建教师、学校领导、学生、家长、社会等共同交互的多角度、多元化评价模式。

（二）强调评价内容的多样化

学前教育专业人才培养评价存在很多影响因素，因此，其评价体系中的评价内容也具有多样化的特点。在对学前教育专业人才培养进行评价的过程中，评价对象的各种主、客观因素都能对人才培养效果产生影响。因此，学前教育专业人才培养的评价内容也应该包含多个方面，突出评价内容多样化的特点，实现学前教育专业人才培养评价体系的构建。

（三）坚持评价过程的动态化

学前教育专业人才培养评价要提倡对人才培养整个过程的评价，而不是对人才培养的某一个阶段进行考察；不只要注重对结果的终结性评价，也要注重对过程的形成性评价。在评价过程中，评价主体要注重对人才培养的动态化考察，把对人才培养的评价融入教学情境和日常生活，坚持评价的客观性和科学性，有效促进学前教育专业人才培养评价体系的构建和学前教育专业人才培养效果的提升。

（四）提倡评价标准的灵活性

学前教育专业人才培养评价要求评价主体在评价过程中注重个体之间存在的差异，尊重学生的个性特点，通过灵活的多项评价标准来对学前教育专业人才进行综合评价，在体现对人才培养的基本要求的同时，充分关注学生的个体差异以及发展的不同需求，促进其在原有水平上的提高和发展的独特性，提高人才的综合素质，促进人才各方面的成长。

四、学前教育专业人才培养评价的程序

学前教育专业人才培养评价的程序一般分为评价准备阶段、检验实施阶段和总结评价阶段（图4-8）。

图4-8　学前教育专业人才培养评价的程序

（一）评价准备阶段

第一步，明确评价对象和评价范围。评价工作可以在不同层面上进行，但是评价对象和评价范围需要具有上下级、协作约束等直接性的关系。

第二步，明确评价的目的。评价目的为评价的开展提供导向，其能够对评价对象和评价方法产生巨大的影响。

第三步，选择评价方法。评价方法的选择需要根据评价目的来进行，评价方法包括过程性评价和终结性评价、定性评价和定量评价、相对评价和绝对评价等。

第四步，制定评价指标体系。评价指标体系的制定首先要对评价的内容项目进行筛选，使评价目标能够具体量化，并形成一定的指标体系。

第五步，安排评价进度。评价进度的安排要注意时间和过程，体现精练高效的原则。

第六步，选择评价成员。评价成员的选择是保证评价客观、公正的重要因素。要选取那些业务熟练、作风正派的专家加入评价小组。

第七步，准备评价工具。评价工具要结合评价内容和相关的评价要求来准备，一般包括调查问卷、调查表格、测试表等，通常供搜集信息使用，为后面评价的实施做准备。

（二）检测实施阶段

检测实施阶段是整个学前教育专业人才培养评价工作的关键阶段和中心环节，这一阶段评价主体要做好评价信息的搜集工作、评价信息的处理工作、评价的解释工作等，通过对评价信息进行分析得出评价结论。

（三）总结评价阶段

总结评价阶段是通过评价主体对评价信息做出客观分析，找出学前教育专业人才培养过程中存在的问题，并有针对性地对其进行改进和调整，进而实现学前教育专业人才培养评价体系的构建。

五、学前教育专业人才培养评价的具体实施

考核评价是教育活动必不可少的环节，也是学前教育专业人才培养的重要环节之一。高校要从多个方面完善学前教育专业人才培养的评价体系，引导学前教育专业人才培养向着正确的方向发展。学前教育专业人才培养评价的具体实施如下。

（一）单项评价与综合评价相结合

单项评价指的是用一项指标评定被评价对象某一侧面的情况，而综合评价可以是对被评价对象的全面评价，也可以是对被评价对象某一方面的全面评价。在对学前教育专业人才培养进行评价时，评价主体既要注重评价对象某一项指标的完成情况，又要注重评价对象的综合情况，即采用单项评价与综合评价相结合的方法对评价对象进行评价。例如，在对学前教育专业人才培养效果进行评价时，可以采用单项评价的方式，从学前教育相关理论知识的把握、实践活动的开展情况等方面考核人才培养的具体情况并分别做出评价；也可以采取综合评价的方式，对学前教育专业人才培养的整体情况进行综合评价。

总之，对学前教育专业人才培养的评价要采取单项评价与综合评价相结合的方式。单项评价是综合评价的基础，综合评价是单项评价的目的，只有将单项评价和综合评价结合起来，才能使学前教育专业人才培养评价更客观、更真实。

（二）静态评价与动态评价相结合

静态评价指的是对评价对象目前达到的水平或所具备的水平的判断。静态评价在进行评价时不考虑评价对象的情况和今后发展的趋势，只考察评价对象在特定时间和空间内的现实状态。动态评价指的是对于评价对象发展状态的评价。动态评价在进行评价时更注重评价对象的历史情况，注重其发展潜力和发展趋势，动态评价能够通过纵向比较和考察，看出被评价者的变化历程。学前教育专业人才培养的静态评价是对一定时空内学前教育专业人才培养活动的评价，具有客观性和统一性的特点，但缺乏灵活性；而动态评价是对学前教育专业人才培养情况变化历程和发展情况的考察，具有一定的灵活性。

学前教育专业人才培养会随着时间、空间的变化呈现出一定阶段性、过程性和可持续性的特点，因此，使用静态评价与动态评价相结合的方式评价学前教育专业人才培养的过程与效果是非常必要的。传统综合评价一般都是静态评价，即评价某个时刻的水平，而实际上，经常需要研究评价对象在某个时期内的发展变化情况。这就需要我们在静态评价中引入时间因素，形成动态综合评价。在动态综合评价中，不仅要考虑个体的偏好集结，还要考虑偏好集结的动态变化；不仅要考虑评价要素的权重，还要考虑权重的动态性。静态评价与动态评价的侧重点不同，两者相辅相成、互为补充，只有将两者相结合才能客观评价高校学前教育专业人才培养情况。

（三）定量评价与定性评价相结合

任何事物都有量和质的规定，学前教育专业人才培养也是如此。学前教育专业人才培养定量评价是对学前教育专业人才培养的影响因素进行搜集、分析、评估，最终根据一定的标准得出结论性的评价，是比较直观、科学的评价方式，具有重要参考价值。但在量化评价方式之外，学前教育专业人才培养还有许多难以量化的内容，这就需要使用定性评价方式来弥补定量评价方式的不足。

学前教育专业人才培养的评价要坚持定量评价与定性评价相结合的原则。一方面，从人才培养的目标出发，既要考察学前教育专业人才培养在性质上的判断，评判人才培养活动是否有效、人才培养方向是否正确、人才培养影响是否积极等，又要考察学前教育专业人才培养的量变积累，掌握学生在认识程度的高低、影响程度的深浅、培育作用的轻重等方面的问题。只有兼顾定性评价和定量评价，才能全方位评价学前教育专业人才培养。另一方面，从学前教育专业人才培养的实际操作过程来讲，是无法完全割裂定量与定性评价的。一般情况下，一个完整的评价过程都是将定量评价与定性评价相结合。具体操作一般分为三步。第一步，评估者对学前教育专业人才培养的情况进行初步判断，这个判断是定性评价；在初次定性评价的基础上确定定量评价的评价方向和评价范围。第二步，评估者进行定量评价，主要是对学前教育专业人才培养的各种量进行分析和对比，考察评价对象。第三步，在定量评价的基础上进行综合分析，得出合理结论，做出定性评价。

提高学前教育专业人才培养评价的科学性，要坚持定量评价与定性评价相结合的原则。例如，评价主体针对某一时段内学前教育专业人才培养情况所作出的评价，既可以通过访谈、答辩等形式了解，也可以通过仔细观察学生在学习和日常生活中的表现来了解。采用定性评价的方式对学前教育专业人才培养情况进行评价，其优点在于可以更多地关注学前教育专业人才培养在质方面的发展，从而促使人才培养结果与培养目标的统一，定性评价是一种具有实质意义的评价机制。但是，从另一角度出发，定性评价也具有一定的劣势。由于定性评价需要基于评价主体的知识储备、生活阅历、学习经验等因素，因此，不同评价主体对于同一评价客体的评价结果也会有所差异，评价结果的主观性较强，并且评价结果明确性较低，通常难以进行精准把握。因此，评价主体在对学前教育专业人才培养进行评价的具体过程中，既需要使用定性评价方式，同时也需要遵从适度的定量评价。对学前教育专业人才培养进行定量评价，主要是对人才培养的效果在特定方面采取定量评价，诸如数量、程度、范围等。举例说明，评价主体在收集数据时可以采用多种方式，包括制作学生互评表、教师课堂学生表现评价表、家长问卷调查表等，并在对采集数据进行分析处理时利用专业的数据处理软件，最终输出评价结果。采用定量评价的方式对学前教育专业人才培养情况加以评价，其优势主要表现在评价较为简单、精确与客观，然而其也在某些方面存在一定的限制。在对学前教育专业人才培养评价加以量化的实施过程中，由于部分不可控因素使得最终的评价结果受到一定程度的影响，也会使部分内容的量化过程显得过于勉强；运用具体的数量计算与分数表征对抽象概念加以表述，一定程度上也使评价结果不够理想。因此，评价主体在对学前教育专业人才培养进行评价时，应当注意将定量评价与定性评价有机结合起来，只有当二者实现有机融合，构成一个评价体系时，其评价结果才更加具备合理性与科学性。

（四）自我评价与他人评价相结合

学前教育专业人才培养的自我评价是指学生按照规定的评价标准，针对自身的实际情况展开判断与分析，并进行自我评价的活动。从本质上看，学前教育专业人才培养的自我评价主要是学生对自己学习行为与意识的调控与反思，学生依照标准对自己所搜集到的关于学前教育专业人才培养的信息进行整理和分析，从而发现自己的不足；学生再依据评价结果，对自身的学习方法、学习计划与学习态度进行适度调整，从而确定自己今后的学习重点，对自身的学习目标进行不断修正，向着理想的方向不断迈进；学生通过及时的自我批评，发现不足并及时调节，在教师的鼓励与帮助下，使得自身的学习热情与积极性得到激发。当学生的学习取得一定成效时，便会最大限度地激发学生的学习热情，使学生实现自我激励，达到自我发展、自我实现和自我完善的目的。

学前教育专业人才培养的他人评价一般包括学生互评、教师评价和家长评价。学生互评可以让学生成为评价的主体，形成正确的舆论导向，帮助学生正确认识自我，有效发挥课堂作用，帮助学生建立自信，促进其全面发展。需要注意的是，在进行学前教育专业人才培养互评活动时，教师要充分尊重个体差异，鼓励学生发表自己的不同见解和主张。教师评价不仅能对学生起到激励作用，而且还能促进学生的发展。教师要发挥人才培养评价的教育功能，树立正确的评价理念，营造良好的评价氛围，及时了解学生的需求，帮助学生正确认识自我、建立自信。家庭评价在学前教育专业人才培养评价中发挥着重要作用。家庭是学生成长与发展的重要环境，家长是孩子教育的重要参与者，充分调动家长的积极性，使其参与学生学前教育专业人才培养评价，是实现学前教育专业人才培养目标的重要环节。

　　总之，学前教育专业人才培养评价倡导自我评价与他人评价相结合，使学生从接受评价转向主动参与评价，使教师、学生、家长共同参与教育评价，体现学前教育专业人才培养过程的民主化、人性化，有助于帮助学生接纳和认同评价结果，促进学前教育专业人才培养成效。

第五章　优化·卓越教师背景下学前教育专业人才培养课程设置

第一节　卓越教师背景下学前教育专业人才培养课程设置概述

课程设置是课程领域中一个最主要的研究课题，是人才培养目标的具体体现，是学校教育的灵魂，是任何教育研究都无法回避的核心问题。[①] 在学前教育专业人才培养中，课程的设置将直接影响到人才培养的质量。卓越教师背景下，学前教育专业人才培养课程设置需要体现学前教育专业的特点，满足社会和学前教育专业的发展需求。

一、学前教育专业人才培养课程设置的原则

学前教育专业人才培养课程设置的原则包括市场主导原则、系统化原则、合理化原则、多元化原则、层次化原则、新颖化原则（图5-1）。

---

① 曲铁华,马艳芬.论教师专业化与职前教师教育课程改革[J].教育科学,2004(4).

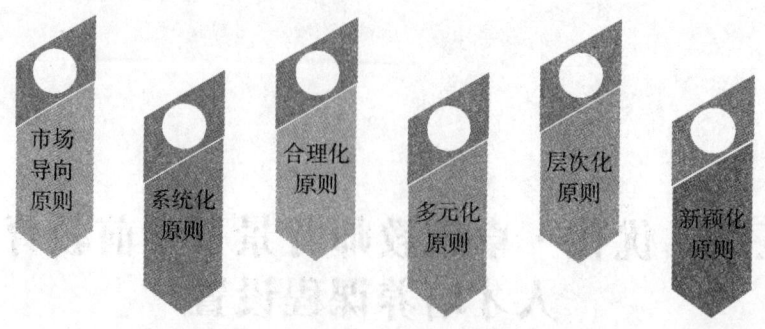

图 5-1　学前教育专业人才培养课程设置的原则

（一）市场导向原则

学前教育专业人才培养课程设置要以就业市场为导向，充分考虑社会需求问题；要以前瞻性的眼光从课程发展的角度来对就业市场进行审视；要对就业市场展开充分分析，认真搜集人才市场、人才交流方面的信息以及劳动人事部门对学前教育专业人才流动情况的报告，对人才需求趋势做出合理的预判。只有这样，学前教育专业人才培养课程设置才具有指导性，教师也才能据此确定课程设计的方向和人才培养目标，为学前教育专业人才培养的可持续发展打下良好的社会基础。

（二）系统化原则

学前教育专业人才培养课程设置是一项系统工程，系统化原则要求学前教育专业人才培养设置对整个课程体系有一个整体的规划和系统的把握，明确学前教育专业人才培养课程设置体系是由课程教学目标、课程教学内容、课程教学方法、课程教学评价等各个子系统组成的一个有机整体。教师在进行课程设置时，应该立足整体，从总体上对课程教学目标有一个清晰的认识，以课程教学目标来指导和联系其他各个子系统，使各个子系统之间既相对独立，又相互依存、相互制约，彼此协调统一于整个学前教育专业人才培养课程设置系统之中。学前教育专业人才培养课程设置系统化原则能够明确整个课程设置体系横向和纵向方面的联系，使课程目标设置与其他课程设置环节保持平衡。从纵向上来说，系统化的课程设置能够将课程教学目标与高校教育目标、人才培养目标有效衔接起来，充分考虑学前教育专业人才培养课程教学目标能否符合高校教育目标与人才培养目标的要求；从横向上来说，系统性原则能够充分考虑学前教育专业人才培养的课程教学目标，通过课程教学目标的实现，促进学生德、智、体和劳的融合共生，实现学生的全面发展。

（三）合理化原则

学前教育专业人才培养课程设置要遵循合理化原则，从课程开设数量、课程结构等方面对课程进行合理设置。

1. 课程开设数量

学前教育专业人才培养课程的开设数量包括课程开设的总量和各个分科课程的数量。学前教育专业人才培养课程开设的总量要根据学生的实际需要进行合理化设置，特别是随着课程实践性的不断提升，教师在进行课程设置时要丰富课程的门类，提高实践课程在课程体系中所占的比重，进一步满足学生的选课需求。同时，学前教育专业人才培养课程设置还要充分考虑理论课程、实践课程分科课程的开设数量，根据学前教育专业人才培养课程教学和学生的实际需求来进行合理设置，尽量保证学前教育专业人才培养课程开设总量和分科课程数量的合理性，确保课程设置能够覆盖到全体学生，使每一位学生都能够选修到适合自己的课程。

2. 课程结构

课程结构在学前教育专业人才培养课程设置中具有非常重要的地位，它直接指导着学前教育专业人才培养课程设置的实施，对教学效果具有极大影响。学前教育专业人才培养课程结构的设置需要结合课程教学目标从结构上对课程进行合理调整，使其更加适合人才培养和学生发展的实际需要，达到良好的效果。首先，要确保课程编排的合理性。学前教育专业作为一门交叉学科，其课程设置既要符合教育学专业学生身心发展规律、认知规律等基本规律，又要综合考虑相关学科的基本规律。因此，要对学前教育专业人才培养课程结构进行科学合理编排，从学前教育专业人才培养目标出发，结合学前教育学、社会学、心理学等学科的基本规律，系统连贯地把握分科课程之间的联系，从结构上合理调节理论课程与实践课程、分科课程之间的比例关系，更加科学合理地规划学前教育专业人才培养课程设置。其次，要重视学前教育专业学科课程与其他专业学科课程的融合。随着学前教育专业学科课程的拓展，学前教育专业学科与其他专业学科的融合不断加深，其深度和广度得到了更加充分的延展，学前教育专业学科课程成为涉及多个学科的跨学科综合课程。因此，教师在进行学前教育专业人才培养课程设置时，要充分考虑学前教育专业学科课程与其他专业学科课程之间的融合，缩小学科知识之间的距离，构建全面的、立体化的综合知识结构体系。

（四）多元化原则

学前教育专业人才培养课程设置要遵循多元化原则，灵活进行设置。特别是在选修课的设置方面，要以丰富学生多方面的知识结构和拓宽学生视野为目的，适应现代社会对学前教育专业人才多方面能力的要求，增加选修课的科目种类和范围，为学生提供多种选择，促进学生的全面发展和综合能力的提高，满足现代社会对学前教育专业人才的需求。

（五）层次化原则

学前教育专业人才培养课程设置要遵循层次化原则，在设置过程中，要结合学生认知、情感、动作技能等方面的规律来逐层推进。学前教育专业人才培养课程按照认知规律可以分为知识的理解、知识的分析、知识的应用等；按照情感规律可以分为情感的接受、情感的反应、情感的价值内化等；按照动作技能顾虑可以分为动作技能的知觉、动作技能的反应、动作技能的创作等。学前教育专业人才培养课程设置要综合把握以上方面的规律，结合相关的规律来逐层构建学前教育专业人才培养课程体系。

（六）新颖化原则

学前教育专业人才培养课程设置要遵循新颖化原则，通过创建与学生之间的情感互动、重视学生的感性体验等方面来构建生动、新颖的课程体系，促进学前教育专业人才培养效果的提升。首先，学前教育专业人才培养课程设置要充分考虑学生的感性体验，增加新颖性、别致性的体验内容，充分调动学生的积极性和主动性，使学生能够积极参与课程教学，强化体验式的课程教学过程。其次，学前教育专业人才培养课程设置要充分考虑师生之间的情感互动，创设有利于两者之间情感互动的环境氛围和课堂氛围。最后，由于直观的物理环境能够对学生的心理产生重要影响，因此，学前教育专业人才培养课程设置要重视对学生情感产生触动的氛围的营造，为学生的情感体验创设重要的物理环境。此外，课堂氛围对师生情感的互动也起到重要作用，轻松和谐的课堂氛围有利于和谐师生关系的构建，也能够更好地提升学前教育专业人才培养效果。

二、学前教育专业人才培养课程设置的基本程序

课程设置是高校课程建设的核心，也是课程教学质量的根本保证。学前教育专业人才培养课程设置的基本程序包括课程目标设计、课程内容设计、课程组织设计、课程教学方法设计、课程评价设计等五部分。

（一）课程目标设计

学前教育专业人才培养课程设计的目标设计需要以就业市场为导向，结合人才市场的实际需求培养学生的职业能力，以人才培养的专业化做指导。学前教育专业人才培养课程体系中的公共基础课程、专业核心课程、专业实训课程和毕业设计课程等都有其独特的功能，在课程设置的过程中，教师要充分考虑各课程环节在课程体系中作用的发挥以及某一个课程环节与其他课程环节之间的联系。公共基础课程属于通识教育课程，包括必修课程和选修课程两部分，强调学生基础知识、基本素质的培养和训练，目的是培养学生的人文素养和综合素质，教会学生独立思考，使学生具备与他人有效沟通的能力、团队协作合作能力等。专业核心课程和专业实训课程则是注重对学生的知识能力和方法能力的全面提升，注重对学生职业能力和职业精神的培养。毕业设计课程是对学生专业知识、专业技能和沟通表达能力等全面考查的课程，培养学生使用专业的原理和方法设计专业领域中实际复杂问题的解决方案，并利用解决方案解决问题的能力，以及向他人表达自己想法的能力。

（二）课程内容设计

学前教育专业课程内容一般是由学前教育专业各种教材、实践活动中特定的事实、观点、原理、规则、体验、问题以及处理它们的方式组成的。学前教育专业的课程内容设计非常重要，只有设计的内容能够充分激发学生积极性和主动性，才能使教学产生效果。因此，在教师进行课程内容的选取时，要充分了解学生的实际情况和现实需求，结合课程教学目标来选择难易适度的教学内容。教师还要在教学过程中帮助学生树立明确的课程学习目标，提高学生学习的动力。

（三）课程组织设计

课程组织是指对学前教育专业学科课程的各种要素进行有组织的合理安排，使其课程架构更加合理，从而促进人才培养课程设置的实现。课程的组织方式一般分为垂直组织和水平组织。垂直组织就是按照纵向的发展顺序对课程的各要素进行有效组织。"连续性"和"序列性"是一般课程垂直组织的两个标准。例如，按照职业活动导向，以某一项职业专门技术中的单项能力为主线，按照职业活动由易到难的逻辑顺序形成某专业课程。水平组织是将各种课程要素按横向关系组织起来。例如，在职业教育能力本位课程的水平组织中，就是以职业活动的逻辑顺序为主线整合课程内容，形成相应的主干课程和实训课程。

（四）课程教学方法设计

教师在学前教育专业人才培养课程教学中使用适当的教学方法是激发学生学习主动性的另一项重要措施。课程教学方法可以根据课程内容的需要采用多样化的形式进行设计，在进行课程教学方法设计时，要将教师的"教"与学生的"学"紧密结合在一起，使"教"与"学"共同构成课程教学活动。教师的主导性和学生的主体性共同构成了师生之间的新型互动关系。老师和学生之间既相互尊重和信任，又相互促进和帮助，实现了思想感情和精神追求方面的双向交流，形成了一种相辅相成、互为依存的关系。学前教育人才培养课程教学中，如果教师的主导性发挥不好，课堂教学就会呈现出混乱、无序的状态，学生很难掌握课堂重点，教师也难以达到理想的教学效果；同样，学生的主体性在课堂教学中如果发挥不好，缺乏对学习的主动性和积极性，那么课堂教学效果也无从谈起。

学前教育专业人才培养课程设置要明确教学目标，根据学生特点和兴趣来设计课程教学方法，激发学生的学习动力，充分调动学生积极性和主动性，营造师生之间的融洽气氛，促使师生彼此之间相互配合，共同完成教学目标、提升教学效果。

（五）课程评价设计

学前教育专业人才培养课程评价设计是对课程的一种考核方式，也就是对课程实现教育目标的可能性和有效性的综合研判。卷面考试是教学过程中最常用、最普遍的考核评价方式，随着教学改革的推进，课程评价方式呈现出多样化的特点。因此，在进行课程评价设计时，教师要结合学生平时表现、课堂上课情况、课后作业完成情况、实践技能掌握情况，注重学生对知识的综合运用能力和实际解决问题的能力。学前教育专业人才课程评价设计具有非常重要的意义，不但关系到课程的实施效果，而且关系到人才培养效果和人才的未来发展。

三、学前教育专业人才培养课程设置的演变历程

学前教育专业人才培养课程设置经历了漫长的发展过程，从其整体发展过程来看，可以分为学习模仿期、发展停滞期、探索恢复期、巩固创新期、优化完善期五个时期（图5-2）。

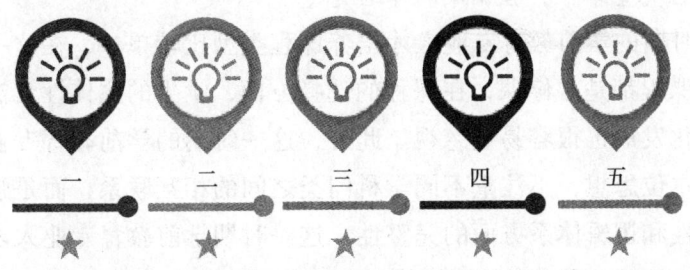

图5-2 学前教育专业人才培养课程设置的演变历程

（一）学习模仿期

学前教育专业人才培养课程设置的学习模仿期指的是 1949 年至 1960 年。这一时期，我国部分高等师范院校开始创办学前教育专业，由于其在学科建设设置方面缺乏相关的经验，因此，主要以学习模仿苏联的办学模式为主，在课程设置方面主要也是以苏联为参考。这一时期，我国在学前教育方面主要出台了《关于学制改革的决定》（1951 年）、《幼儿园暂行规程（草案）》（1952 年）等主要方针政策。此阶段，我国在学前教育专业人才培养课程设置方面的特点主要体现在以下几个方面。

1. 以满足社会需求为价值取向

受到这一时期社会发展水平、政治经济制度、文化发展等多重因素的影响，学前教育专业人才培养课程设置的价值取向以满足当时社会需求为主，完全按照学科框架进行课程的选择和组织，强调受教育者在德育、智育、体育几个方面的发展。这种课程设置模式忽视了学生个性化发展的需要。

2. 注重理论知识，轻视实践经验

这一时期，我国学前教育专业人才培养课程设置主要以学前教育专业理论方面的课程为主，重视对学生理论知识的传授，对学前教育专业人才培养实践课程不够重视。一方面，这一时期学前教育专业的理论课程与实践课程在开设比例方面存在明显差异，理论课程在学前教育专业人才培养课程中占据了极高比例，而实践课程仅仅局限于毕业论文和教育实习两种形式。另一方面，课程教学方式主要以教师对理论知识的讲授为主，以学生对知识的被动接受为主。实践教学方面的课程数量较少，学生缺乏相关的实践能力训练。

3. 课程类型单一，强调学科本位思想

这一时期的学前教育专业人才培养课程类型比较单一，在这一专业中开设的所有课程都是必修课，在课程的选择方面，学生的主体性无法发挥，学生的个性化发展也很容易被忽视。此外，这一时期的学前教育专业人才培养强调学科本位思想，不注重不同学科门类之间的相互联系，而是强调学科的相对独立性和逻辑体系方面的完整性。这一时期学前教育专业人才培养的课程设置主要是以教育学科的逻辑体系来进行的，其专业课程主要以教育概论、学前教育学、教育心理学、中外教育史等学前教育专业的基础课程为主。这种学科本位思想指导下的课程设置，容易造成不同学科门类课程之间的疏离，缺乏教学实践价值。

4.课程总量单薄，忽视学生课程主体地位

我国学前教育专业人才培养开启于20世纪二三十年代，教学研究方面主要是以陶行知、陈鹤琴等人引进的西方教育理论为主，结合中国教育发展实践进行的。中华人民共和国成立后，学前教育相关方面的学术研究受到多种因素的影响，发展比较缓慢。学前教育专业人才培养学术研究方面的薄弱导致了其课程总量的单薄，这一时期的专业课程仅仅包括学前教育学、学前心理学、学前卫生学在内的"三学"，常识教学法、计算教学法、音乐教学法、美术教学法、体育教学法、语言教学法在内的"六法"，以及幼儿教育史等简单专业课程。此外，这一时期的学前教育专业人才培养课程设置受到苏联学前教育的影响，提倡以教师为中心，忽视学生的课程主体地位。

（二）发展停滞期

学前教育专业人才培养课程设置的发展停滞期指的是1961年至1977年。这一时期，受到当时社会经济因素、政治因素的影响，我国的幼教管理体制遭到了严重的破坏，学前教育专业人才培养课程设置也进入发展停滞期。1960年前后，我国国民经济处于暂时困难时期。1961年1月，中国共产党八届九中全会决定对国民经济实行"调整、巩固、充实、提高"的方针。据此方针，全国教育事业也进行了全面的调整和必要的压缩，纠正了1958年以后出现的一些错误做法。经过整顿，全国幼儿园减至6万所，幼儿师范学校减至35所。[①] 为了加强对高等学校的领导和管理，1961年1月，教育部召开全国重点高等学校工作会议，要求对全国重点高等学校"定规模、定任务、定方向、定专业"，同时，要求中央各部门和各省、市、自治区对非重点高等学校的专业设置和发展规模进行调整。[②] 同年9月，教育部组织起草的《教育部直属高等学校暂行工作条例（草案）》开始试行。在"八字方针"及相关政策指引下，经过这次调整，教育部幼教处被撤销，学前教育专业全部停止

---

① 唐淑,等.中华人民共和国幼儿教育60年大事记（上）[J].学前教育研究,2009(9)：5.
② 《中国教育年鉴》编辑部.中国教育年鉴 1949-1981[M].北京：中国大百科全书出版社,
1984：234.

招生，学前教育专业人才培养课程设置也进入了发展停滞期，这一时期关于学前教育方面的政策文件也比较少，唯一的一份专门指导性文件是 1960 年由教育部、中华全国妇女联合会颁布的《关于幼儿园教学汉语拼音、汉字和算术的通知》。此阶段学前教育专业人才培养的课程结构简单，主要由公共基础理论课程、专业课程和劳动课程三部分组成，无法体现学前教育的专业性和师范性特征。

（三）探索恢复期

学前教育专业人才培养课程设置的探索恢复期指的是 1978 年至 1994 年。这一时期，随着改革开放的实施和高等教育体制改革的推进，我国的学前教育事业苦尽甘来，各高校停滞不前的学前教育专业又陆续开始招生，学前教育专业人才课程设置获得重生，开始着手于本土化、科学化的探索。这一时期国家针对学前教育方面出台的主要政策有《全国托幼工作会议纪要》（1979年）、《幼儿园教育纲要（试行草案）》（1981 年）、《关于发展农村幼儿教育的几点意见》（1983 年）、《幼儿园工作规程（试行）》（1989 年）等，此阶段，学前教育专业人才培养课程设置的特点主要体现在以下几个方面。

1. 培养目标的变迁

20 世纪 80 年代以来，随着经济体制与教育体制改革的不断推进，为了适应社会经济发展的需要，高校学前教育专业不断调整人才培养目标，强调学前教育专业人才培养与社会实际需求的紧密结合，突出学科专业的实用性和实践性，进一步拓宽学前教育专业口径和人才就业渠道。

2. 课程结构与课程内容的变化

十一届三中全会以后，我国进入全面改革开放的发展新时期，随着社会主义现代化建设的全面展开，我国教育事业也逐渐走上正轨，各高校学前教育专业开始恢复招生工作。随着素质教育的推进和高等学校办学自主权的进一步扩大，学前教育专业人才培养越来越关注学生多方面能力的发展，在这种形势下，学前教育专业人才培养的课程结构和内容都进行了相应的调整和变化，学前教育专业人才培养的课程结构更为合理。调整后的课程结构基本包括必修课、选修课以及教育实践课，其中，必修课分为包括政治理论、英语、体育等在内的公共必修课和包括教育概论、教育心理学、学前教育原理等在内的专业必修课；选修课分为包括钢琴、美工、社会心理学等在内的专业选修课和包括视唱练耳、音乐欣赏等在内的任意选修课；教育实践课主要包括实习、毕业论文等。此外，随着学前教育专业人才培养理论研究的深入和学前教育专业教师实践经验的不断增强，课程教学的内容也日益丰富多彩，增设了学前教育管理学、比较教育学等相关课程。

3. 重视选修课与实践课程的开设

这一时期学前教育专业人才培养的课程类型逐渐多样，打破了原有的单一课程体系，加大了对选修课开设的重视程度，选修课在课程设置中所占的比例增幅明显，构建起强调素质教育理念、注重学生个性培养的多元化课程体系。不但包括对学生专业能力提升有帮助的专业选修课程，而且还包括有利于开阔学生视野、培养其多方面能力的任意选修课程。此外，随着学前教育事业的不断发展，原有的重视理论课程、忽视实践课程的局面得到了有效扭转，学前教育专业人才培养课程设置对实践课程的开设逐渐重视起来。一方面，其增加了实践课程在整个课程设置中的比重；另一方面，学前教育专业人才培养实践课程的类型逐渐丰富，呈现出多样化的发展趋势。

4. 重视学前教育方面最新理论研究成果

与学前教育专业相关的理论研究对我国学前教育专业人才培养具有重要的指导意义。这一时期，随着改革开放的进一步深入，西方各种教育思潮涌入我国，对我国学前教育事业以及相关理论研究产生了广泛而深远的影响。特别是 20 世纪 90 年代中期以来，社会上掀起了对学前教育专业领域的研究热潮。据相关统计显示，1990—1997 年，学前教育专业领域研究论文篇数排名第二位的是"学前教育理论研究"，8 年共计论文 442 篇，占该领域论文总量的 28.21%，其中，后 4 年论文总数较前 4 年增长了 1.47 倍。由此可见，我国学前教育理论研究起步较早、发展较快、研究力量颇强、成果颇丰。[①]这一阶段，关于学前教育专业领域相关的理论研究方向主要是儿童心理、学前课程理论、幼儿游戏等。这些关于学前教育专业领域的最新理论成果对我国学前教育事业的发展起到了重要的推动作用，并且这些成果在学前教育专业人才培养课程设置方面得到了充分体现。例如，当时理论界关于幼儿游戏

---

① 王大林,王文骊.九十年代我国学前教育研究论文统计分析 [J].学前教育研究,1998(6).

方面的研究比较深入，理论比较先进，相关的理论成果也很丰富。在这一先进理论的影响下，开设学前教育专业的高校充分意识到游戏对幼儿发展的重要性，把幼儿游戏单独作为学前教育学中的一门课程，在一定程度上完善了学前教育专业人才培养的课程体系建设。

（四）巩固创新期

学前教育专业人才培养课程设置的巩固创新期指的是 1995 年至 2009 年。20 世纪末特别是进入 21 世纪之后，随着信息网络的不断发展，在国际化交融的社会情境中，我国学前教育专业全面进入巩固创新期。这一时期，国家不断更新教育观念，积极探索学前教育的发展规律，使得学前教育日益朝着科学规范的方向发展。此阶段国家针对学前教育颁布的相关方针政策主要有《全国幼儿教育事业"九五"发展目标实施意见》（1997 年）、《关于幼儿教育改革与发展的指导意见》（2003 年）等。此阶段我国学前教育事业的发展得到了巩固，在学前教育专业人才培养课程设置方面进行了一定的改革创新。

1. 注重对学生多方面知识和能力的培养

1999 年 3 月 16 日，教育部印发《关于师范院校布局结构调整的几点意见》，《意见》指出，我国将有计划、有步骤地推进师范教育体系三级师范向二级师范的适时过渡。这一政策促进了学前教育专业人才培养目标的调整，因此，这一阶段学前教育专业人才培养课程设置注重对学生多方面知识和能力的培养。

2. 课程内容方面的丰富

在这一阶段，学前教育专业人才培养课程设置彻底打破了 20 世纪五六十年代形成的"三学六法"学前教育专业人才培养课程内容，并结合教育的适宜性、有效性，对学前教育专业人才培养课程内容方面进行了改进。

（五）优化完善期

学前教育专业人才培养课程设置的优化完善期指的是 2010 年至今。这一时期，国家更加重视学前教育事业的发展和学前教育专业人才培养工作，先后颁布了《关于当前发展学前教育的若干意见》（2010 年）、《国家中长期教育改革发展规划纲要（2010—2020 年）》（2010 年）、《关于学前教育深化改革规范发展的若干意见》（2018 年）等重要文件。此阶段，学前教育专业人才培养课程设置方面的主要特征表现在以下几个方面。

1.课程结构和课程体系的进一步优化

我国的学前教育专业人才培养课程设置在很长一段时间内采用的都是分科课程结构的模式。这种分科课程结构模式强调课程的组织要以学科知识为中心，注重各门学科知识的独立性。这种课程结构模式对各学科知识之间的联系不够重视，容易造成学生在理论知识与实践方面的脱离。因此，这一阶段，我国对学前教育专业人才培养课程机构进行了优化，对传统的分科课程结构模式进行了改进，采用了模块化的课程结构。所谓模块化的课程结构是一种按照系统化原则，将性质或类型相同的、具有关联的若干门课程组织起来，形成一个相对完整的知识块的课程结构方式。[1] 模块化的课程结构注重基础的构建、学生综合能力的增强以及各学科知识之间的融合。此外，这一时期，我国还对学前教育专业人才培养课程体系进行了优化，改变了过去以通识教育课程、学科基础课程、专业课程三大板块为主的课程结构体系，调整为通识教育课程、学科基础课程、专业基础课程和专业方向课程四大板块。在学分分配比例方面也进行了相应的调整，基本形成了通识教育课程、学科基础课程和专业课程之间比值为 3∶4∶3 的结构体系，强化了通识教育课程体系和学科基础课程体系，为培养厚基础、强能力的学前教育专业人才奠定了坚实的基础。

2.实践取向的课程体系的设置

这一阶段，学前教育专业人才培养课程设置对学生时间能力的培养更具有方向性和针对性，越来越多的教育工作者认识到实践对学前教育专业人才培养的重要价值。为培养学生的实践能力，我国各高校学前教育专业对实践方面的专业课程不断拓展和延伸。首先，对学生实践能力的培养更具有针对性。将职业认知、职业素养等相关的能力培养纳入学前教育专业人才培养的各类课程以及教育见习、教育实习等实践活动中。其次，学前教育专业人才培养课程设置更具有方向性。在专业见习和实习过程中，教师更加注意培养学生理论联系实际的能力，使其形成对学前教育活动的直观体验和感受，并

---

[1]　罗尧成，胡弼成.大学课程结构：改革的目标及其优化[J].高等理科教育,2004(1):26-31.

进行反思和总结，培养实践能力和职业素养，便于学前教育专业人才培养成效的提升。

3. 重视与儿童发展相关的课程

与其他教育阶段相比，学前教育具有一定的特殊性。学前儿童的可塑性和易变性要远远超过其他任何一个教育阶段的学生，并且，这一阶段的学前儿童在个体方面存在很大的差异性。作为未来教师的学前教育专业人才必须深入了解学前儿童的发展规律和个性特点，紧紧围绕促进儿童的发展这一核心来开展工作。因此，这一阶段的学前教育专业人才培养课程设置中，特别增设了与儿童发展密切相关的课程，根据现时需要，调整了一些专业课程。具体来说就是将"学前卫生学"调整为"学前儿童卫生与保健"，将"学前心理学"调整为"学前儿童心理发展概论"，将"学前教育学"调整为"学前教育原理"，课程调整后更加聚焦学前儿童的发展，与以往相比，对学生学前教育学科的专业认同更加重视。除此之外，还增设一系列与幼儿发展关系密切的课程，例如，"幼儿早期阅读与实践""区域活动设计与指导""学前教育教师沟通技巧""幼儿行为观察与指导""幼儿游戏理论与实践"等，开设的课程门类也更为丰富，更加能够将学前教育专业人才培养的专业特征反映出来。

4. 注重学生综合能力的提升

对于学前教育专业人才来说，唱歌、跳舞、绘画等艺术技能是必不可少的重要技能，是学前教育教师综合能力的重要体现。值得注意的是，当前阶段学前教育专业人才培养课程设置中对艺术相关的课程进行了调整和优化，不再单纯注重学生个人艺术技能的提升，而是同时注重学生艺术素养的形成和综合能力的提升。此外，艺术技能课程也更加注重对学前儿童发展的促进作用，在课程内容的设置上强调对学前儿童的适用性。

第二节 卓越教师背景下
学前教育专业人才培养课程设置的目标确立

卓越教师背景下，学前教育专业人才培养课程设置的目标是培养学生的学习能力、培养学生的创新意识和创造能力、培养学生的完整人格、培养高素质学前教育教师。

一、培养学生的学习能力

随着科学技术的飞速发展，知识更迭不断加快，对人们的知识结构和学习能力要求越来越高。这就要求学前教育专业人才培养课程设置必须注重学生学习能力的培养，不断更新学生的知识结构体系，培养其自主学习、创新学习、全面学习、终身学习的能力。

（一）自主学习能力

培养学生自主学习能力是学前教育人才培养课程设置的主要目的之一，也是社会发展的客观需要。学前教育专业人才培养课程设置要以学生为主体，从多方面进行引导，培养学生的主动性、独立性和自觉性，促进学生的自我成长和自我发展。首先，专业教师在课程教学中要充分调动学生的学习热情，促使其形成强烈的学习动机，使学生全身心投入学习中，由被动接受变为主动学习、自愿学习、快乐学习。其次，专业教师在课程教学中要加强对学生学习方法的指导，使学生掌握自主学习的技巧和方法，改善无计划的盲目学习、学习效率低下等状况，达到省时省力、提高学习效率的目的。最后，专业教师在课程教学中还要注重对学生个性的培养，鼓励学生对学习内容、学习方式和学习策略进行自主选择，在自主学习过程中发挥自己的优势和特长。专业教师要充分尊重学生的个性，并为学生的个性发展提供有利的物质条件，最大限度地促进学生个性的发展。

（二）创新学习能力

创新学习能力是学生自主学习能力结构层次中更高一级的层次，学前教育专业人才培养课程设置对学生创新学习能力的促进作用是重要的研究课题，也是时代发展的需要。当今知识经济极具活力，是一个充满机遇和变化的时代。学前教育专业人才要适应时代发展的要求，不仅要有自主学习、积极储备新知识的能力，而且要具有开拓精神和创新学习的能力。专业基础理论构建是技术革新的源泉，在学前教育专业人才培养课程设置及教学过程中，除了让学生获得某些具体知识，更要注重培养学生从无限的知识系统中汲取和提炼自身所需知识的能力，注重对其知识拓展及创新学习能力的培养。

（三）全面学习能力

当今社会不仅仅需要专业知识能力突出的专门型人才，而且更需要具备多样化知识结构和多种能力的全面型人才，这就要求学前教育专业人才课程设置及教学中要注重学生全面学习能力的培养。教师在引导学生对专业理论知识进行纵深学习的同时，也要注重学生横向知识面的拓展，这样做不仅可使学生具备不同学科的知识储备，而且还有助于促进学生语言能力、思维能力、实践能力、操作能力等多方面能力的提升，从而促进学生综合素质的提高和全面发展。

（四）终身学习能力

教育者应该是农夫而不是园丁，被教育者则应是一粒生命力旺盛的种子，能够实现生命的传承与持续发展，教育者只需要像农夫一样，兴修农田水利、疏松土壤；而不是把被教育者当作观赏的植物任人修剪，或者把被教育者当作一张白纸任人涂抹。[1] 这强调了终身学习能力培养的重要性，说明教育是服务于人终身发展的长期行为。学前教育专业人才培养课程设置及教学中要特别注重对学生终身学习能力的培养。终身学习能力能够帮助学生持续巩固、发展自己的知识结构体系，结合自己的职业生涯规划和职业发展需求来进行学习，实现从学校教育到社会教育的转变，为日后的职业生涯发展打下坚实的基础。

---

[1] 别敦荣. 一流本科教育应服务于学生的终身发展 [J]. 终身教育研究, 2019（2）: 3-9.

二、培养学生的创新意识和创造能力

创新意识和创造能力表现为人们不拘于原有的形式、范例、观点，而是通过自己的智慧创新，形成一种前所未有的观点或创造性的行为。创新意识和创造能力是学前教育专业人才培养课程设置及教学中发挥学生主体作用的核心和灵魂，是学生个性发展中极富活力的因素。专业教师在课程教学过程中要善于引导学生进行发散式的思考，促进学生对知识的理解和掌握，从而培养学生的创新意识和创新能力，培养其发现问题、分析问题和解决问题的能力。教师要激发学生内在的学习动力，培养学生的学习兴趣，充分挖掘其学习潜能，培养学生的开辟、创新品质和创造能力。

三、培养学生的完整人格

从心理学的角度来看，人的心理结构包括认知、情感（审美）和意志三部分。要想拥有健全的心理结构，应做到认知、情感、意志三部分的高度和谐统一，要想拥有完整的人格，则应做到对健全心理结构系统的有机自我调控。认识能力、审美能力和意志能力，都是人类通过劳动实践所获得的掌握世界的能力，是人类区别于动物的特有的心理功能。完整的人格是心理和行为的和谐统一。学前教育专业人才培养课程设置及教学中要注重学生完整人格的培养。自我意识的树立和正确的自我认知是完善人格的重要组成部分，通过学前教育专业人才培养课程教学的开展，学生能够树立自我意识，提高自我认知水平，从而正确地认识自己。学生除了能够发现自己的特长，还能够发现自己在体力、技能、意志力、情绪等方面存在的不足，在不断自我修正的过程中，发挥自己的特长，改进不足之处，促进自身个性的形成发展和人格的完善。

四、培养高素质学前教育教师

为贯彻落实教育规划纲要精神，建设高素质专业化的学前教育专业教师队伍，教育部 2012 年颁布了《幼儿园教师专业标准（试行）》（以下简称《专业标准》），强调了对幼儿园教师专业素养的基本要求。《专业标准》是幼儿园教师开展保育活动的基本规范，也是幼儿园教师专业发展的基本准则。高校学前教育专业作为我国幼儿园教师培养的摇篮，应紧密结合《专业标准》的相关规定，确立学前教育专业人才培养的目标，并不断培养学前教育专业学生的专业素养。高校应结合幼儿园教师的职业特点，加强对学前教育专业课程设置和学科规划的建设和完善，包括建立完善的学前教育专业人才培养方案、改进学前教育专业人才培养的方式方法、注重学前教育专业人才的职业道德教育和实践能力培养等。学前教育专业人才作为"准教师"，其只有经过实践的磨炼，才能够实现专业的成长。

第三节　卓越教师背景下
学前教育专业人才培养课程内容的设置

课程内容是课程设置过程中需要考虑的核心问题，它是课程设置中的重要环节。卓越教师背景下，课程内容的设置是否合理会对学前教育专业人才培养过程的后继环节产生直接影响。下面笔者就学前教育专业人才培养课程内容设置中的几个重点问题进行探讨。

一、关于学前教育专业人才培养课程内容设置的总思路

学前教育专业人才培养课程内容的设置是紧紧围绕课程目标展开的，在设置过程中既要考虑学前教育专业人才培养方面的特殊性，又要使课程内容能够满足学前教育实践及教师专业发展的客观需求，这就需要在课程内容设置中综合考虑各种因素，从全局出发构建学前教育专业人才培养课程内容设置的总思路。根据《专业标准》对学前教育专业人才职业素养的相关要求，结合学前教育教师专业发展的实践角度进行考虑，学前教育专业课程内容的基本结构一般分为三大板块，分别是通识教育课程板块、专业课程板块、教育实践课程板块。

（一）通识教育课程板块的设置

通识教育课程注重与专业学科相关的基础性知识的构建，目的在于开拓学生知识的广度与深度，促使学生的视野得到拓宽，使其独立的思考判断能

力得以提升，从而培养其完整的人格。如今通识教育是大学教育的一种主要教育方式，同时也是一种重要的人才培养模式。其主要目的在于促使学生的独立思考能力得以培养，让学生能够对各类学科形成一定的认识，并且在此基础之上形成对各学科知识的融会贯通，从而促使学生实现全面发展。通识教育课程的主要对象是全体学生。普适性课程中学前教育专业人才培养通识教育课程板块的内容应该包含人文科学、自然科学和社会科学三大领域的内容，学科知识能够体现基础性、广博性、综合性和发展性的特点。其中，学科知识的基础性有利于学前教育专业人才世界观和方法论的养成；广博性有利于学前教育专业人才丰富知识结构体系的构建；综合性有利于学前教育专业人才的全面发展；发展性有利于学前教育专业人才终身学习能力的培养。

在对学前教育专业人才培养通识教育课程板块进行具体设置时，要充分考虑学前教育专业的特殊性和学前教育专业人才培养的特点，从通识教育课程内容的形式结构和实质结构等方面进行完善。首先，对通识教育课程内容形式结构进行完善。这一部分的完善注重的是课程构成要素和关系，通识教育课程板块的内容从形式结构上分为必修课程内容和选修课程内容。必修课程内容一般是思想政治理论、英语、体育等课程方面的内容，可以通过内容综合、分级分层开设等方式，实现对其内容的完善和调整。而选修课程内容方面的调整和完善方式，则可增加自然科学和人文社会科学相关课程内容的比重，并适当增加艺术修养方面的课程内容。其次，对通识教育课程的实质性内容进行优化。主要在于通过对通识教育课程内容的整合使其成为人文科学、自然科学与社会科学相互交叉、融合、渗透的综合性课程，以促进学前教育专业人才文化底蕴和人文素质的培养。此外，通识教育课程和专业教育课程两者之间在内容方面也应做到紧密联系、相互支撑，从而形成教育合力，共同促进学前教育专业人才培养目标的实现。

（二）专业课程板块的设置

学前教育专业人才培养专业课程板块是学前教育人才借以学习专业知识从而形成自己的专业能力和专业品质涵养的重要途径与有效保障，也是学前教育人才培养区别于其他种类专业教育的独特之处。学前教育专业人才培养注重教师专业能力的发展，通过专业课程的学习，充分利用学前教育专业课程的功能，最终促进教师专业能力的提升。

在对学前教育专业人才培养专业课程进行具体设置时要充分发挥专业课程的功能和优势，除了对学前教育专业人才培养专业课程的内容进行确定外，还要对专业课程的结构进行进一步优化，以便促进学前教育人才专业素质和专业能力的提高，为未来教师专业能力发展打下良好的基础。

第一，应该明确学前教育专业人才培养专业学科的基础课程。基础课程是为专业课程服务的，目的在于拓宽专业学科的口径，促进学生多种能力的培养和社会适应性的发展。学前教育专业课程的主干学科是教育学和心理学，其基础课程的构建应以此为依据，比如，教育学原理、特殊教育学、教育心理学、普通心理学等都在学前教育专业学科基本课程的选择范畴之内。此外要对学前教育专业学科基础课程的实质结构进行优化。在优化过程中不仅仅要注重基础课程门类和课程比重的增加，还要对基础课程的深度和广度进行拓展，要将基础课程的深度和广度充分结合起来，增强深度和广度的相互适应性，以此促进学前教育专业人才多种能力的培养和社会适应性的发展。

第二，要对学前教育专业人才培养的专业课程结构和内容进行优化。专业课程结构的优化应重点关注未来教师专业能力的养成和发展，重点突出师德师风、儿童学习与发展、专业能力、家园共育、托幼一体化等学习领域的课程。对学前教育专业人才培养专业课程体系的优化过程中，要针对每一门专业课程在学前教育专业人才培养中发挥的作用进行深入分析，在此基础上进行合理定位和科学分工，使每一门课程在学前教育专业人才培养中都能够发挥自己的独特功能和作用。要适当增加学前教育学科前沿的新思想、新知识和新理论，不断对专业课程内容进行优化整合，对一些比较陈旧的知识及时加以剔除，实现宽口径的学前教育专业人才培养目标。学前教育专业人才培养专业课程板块的内容设置参考如下（表5-1）。

表5-1　学前教育专业人才培养专业课程板块的内容设置

课程领域	建议开设的课程	课程设置的功能
师德教育	学前教育法律法规、中外学前教育概要、幼儿园教师必备师德修养、幼儿园教师的职业发展、幼儿园教师口语与礼仪、幼儿园教师风采、幼儿园教师生涯等	在"以幼儿为本"的基本理念指导下，形成良好师德师风，培养良好的职业道德修养和专业情感
儿童学习与发展	学前教育原理、教育心理学、儿童发展概论、学前儿童心理研究、学前儿童卫生与保健、学前儿童心理与发展特点、学前儿童智力发展研究、幼儿游戏研究、国内外儿童学前教育前沿等	促进学前教育专业人才对学前儿童情况和心理状况、发展特点等方面知识的了解，促进学前儿童的全面发展
专业能力	幼儿园班级管理、幼儿园环境的创设、幼儿园活动设计与组织、学前儿童舞蹈创编、学前儿童美术指导、学前儿童声乐与欣赏等	培养学前教育专业人才保教能力、活动组织开展能力、艺术技能等方面的专业能力，提高学前教育人才的职业能力和艺术素养，增强其教学方面的表现力和感染力
家园共育	家庭教育学，与幼儿园家长的有效沟通，幼儿园、家庭与社区合作共育，幼儿园社区活动的开展，亲子活动组织与设计等	培养学前教育专业人才与社区、家庭之间协同教育，掌握合作方式方法以及沟通策略，充分利用各种资源，促进学前儿童的良好发展
托幼一体化	0～3岁婴幼儿的发展教育、婴幼儿早期教育概论、早教活动的设计与开展、学前特殊教育研究、婴幼儿卫生与保健等	培养学前教育专业人才掌握托幼一体化的相关知识和方法，促进托幼融合教育的发展

（三）教育实践课程板块的设置

教育实践课程板块对于学前教育专业人才培养而言是尤其重要的，它能够为学前教育专业人才向学前教育教师的转化提供专业发展的平台，通过这样的一个平台，学生能够将课堂中学到的理论知识应用于教育实践，获得感性认识的同时培养教育教学方面的技巧和能力，为未来从事的学前教育教学打下良好的基础。此外，教育实践课程能够促进学生实践性知识体系的构建，对其今后教师专业发展和终身学习能力的养成具有重要的意义和价值。

学前教育专业人才培养教育实践课程板块在具体设置过程中要考虑课程体系的系统性、全局性、丰富性。首先，在进行学前教育专业人才培养教育实践课程设置时，要从整个实践课程体系的系统性出发，对传统模式下将教育实践课程各个环节割裂开的、拼盘似的教育实践课程体系进行改革创新，对实践课程体系从课程目标、课程内容、课程方法、课程实施到课程评价进行系统性的把握和考虑，进行全方位的系统设计。通过系统化的教育实践课程，实现对学前教育专业人才专业情感和专业能力的培养。其次，在进行学前教育专业人才培养教育实践课程设置时要具有整体观和全局观，对学校教育的各项资源充分进行挖掘和利用，并从学前教育专业人才培养实践课程设置观念的突破、课程设计中教师专业发展理念的落实、教育理论与教育实践的结合等方面进行全局把握，使教育实践活动贯穿学前教育专业人才培养的始终。最后，要对学前教育专业人才培养教育实践课程的内容进行丰富。学前教育实践课程要不断构建更为丰富的内容体系，同时学校应鼓励学前教育专业人才多参加各种形式的教研活动，从中获得学前教育科学研究方面的经历和体验。学前教育专业人才培养教育实践课程板块的设置参考如下（表5-2）。

表5-2　学前教育专业人才教育实践课程板块的设置

教育实践课程	见习活动	见习观摩
		见习研修
		协助保教
		协助管理
	演习活动	模拟教学
		模拟管理
	实习活动	实习观摩
		实习研修
		独立保教与管理

此外，学前教育专业人才培养中要重视学生参与多种实践课程体验的机会，除了正式教育机构提供的实践体验课程外，对于社区机构、青少年活动

中心、儿童福利机构、早教中心等一些非正式教育机构提供的与学前教育有关的实践活动也应鼓励学生踊跃参加，以获得不同于传统见习活动、演习活动、实习活动的实践体验，进一步丰富学前教育专业人才培养教育实践课程的内容，对学前教育专业人才培养教育实践课程的内容进行有益补充。

二、学前教育专业人才培养教育课程内容设置的要求

学前教育专业人才培养教育课程在进行内容设置时，应根据一定的教育价值观，结合学前教育专业人才培养的目标、研究成果等，对课程要素进行选择。学前教育专业培养教育课程的要素主要包括基本概念、原理、技能以及价值观等，对学前教育的认知、情感态度、技能学习等各个领域均有涉及。总体来说，学前教育专业人才培养在进行教育课程内容设置时需要满足以下要求。

（一）有助于学前教育专业人才直接经验的获得

在对学前教育专业人才培养教育课程内容设置过程中要树立儿童为本的意识，重视学前教育专业人才培养课程实践教学，强调学生通过课程实践教学能够促进其直接经验的获得。因此，学前教育专业人才培养课程内容设置不但要重视学生理论知识的学习，而且也不能忽视学生直接经验的积累。建立在直接经验基础之上的理论学习，能够帮助学前教育专业人才深刻领悟理论知识的精神内涵，并能够在理论知识的指导下进行实践活动，获得经验的重组和改造，从而促进其未来作为学前教育教师的专业发展。

强调直接经验获得的学前教育专业人才培养教育课程内容设置需要具备真实性和生成性的特点。真实性特点指的是学前教育专业人才培养教育课程内容不是简单地要求学生坐在教室里观看一下相关的课件资料，或者单纯听老师对各种案例进行讲解，而是注重学前教育专业人才对真实保教活动的观摩、参与和体验，并以此为基础获得直接经验。这种具备真实性的学前教育人才培养课程内容，能够培养学前教育专业人才观摩保教实践活动方面以及参与和研究保教实践活动方面的经历和体验。学前教育专业人才培养教育课程内容只有具备真实性的特点，才能激发学生对学前教育专业的学习兴趣，培养学前教育专业人才的专业情感，正确引导其作为未来学前教育教师的专业发展和专业成长。生成性特点指的是学前教育专业人才培养教育课程内容

是新知识不断生成、新旧知识交替融合的，生生不息的过程，教育课程内容的知识应具有一定的开放性、灵活性和不确定性，并能促进新知识的不断产生，因此，在进行学前教育专业人才培养教育课程内容设置时，需要结合学生的学习需求和学习效果做出相应的调整。

（二）有助于学前教育专业人才专业素养的培育

《专业标准》中对学前教育专业人才的专业素养方面提出了基本的要求，相关要求是国家对学前教育专业人才专业素质的最低标准，能否达到这一要求也是衡量学前教育专业人才是否能够成为一名合格的幼儿园教师的标准。依据教师专业发展阶段的相关理论，学前教育专业人才院校培养阶段只是幼儿园教师专业成长的起步阶段，这一阶段培养的学前教育人才，一般而言，仅仅是达到了合格教师的要求，距离成熟教师、优秀教师还有很长的路要走。因此，学前教育专业人才培养中，要严格按照《专业标准》的相关要求对课程内容进行选择。学前教育专业人才培养课程要重视学前教育人才专业素养的培育，要重视对学前教育人才专业理念与师德的养成，能够借助不同方式促使学生对幼儿园教师职业的独特性加以认识，具体包括优秀影片鉴赏、开展名师讲坛、举办专题讲座等形式，帮助学前教育专业学生纠正对待幼儿的态度与行为，促使学前教育与幼儿保育有机结合，强调学前教育专业人才教师修养的提高。

学前教育专业人才培养课程内容应重视学生对基本专业知识的掌握，帮助学生掌握关于儿童发展的知识、幼儿保育教育知识以及广博的通识性知识。高校学前教育专业应当采取理论与实践相结合的方式，开设形式多样、内容丰富的专业课程，促使学前教育专业人才具备扎实的专业能力，在进行课程设计时，应当从课程内容角度出发，促使学前教育专业人才创设与利用幼儿园教育环境的能力得到培养，基于一日生活组织与保育能力，以设计实施教育活动与支持指导游戏活动等能力为主导，加强对于学前教育专业人才激励与评价、沟通与合作以及反思与发展等方面的能力培养。

（三）有助于学前教育人才终身专业的发展

现代社会是学习型社会的构建时期，面对知识的不断推陈出新和扑面而来的信息，只有不断地进行知识结构方面的学习和完善，在自己的职业领域不断更新和改进自己的知识体系和技术技能，才能够不被社会所淘汰。针对学前教育专业人才来说，专业方面的学习是没有止境的，不但要自己成为终身学习者，更要将这种精神传递下去，为社会培养更多的终身学习者，实现自身的终身专业发展。学前教育专业人才培养阶段是幼儿园教师漫长专业发展生涯中的起步和奠基阶段，这一人才培养阶段具有重要作用，能够为其终身专业发展提供良好的开端和全方位的支持。因此，学前教育专业人才培养课程内容的设置要着眼于未来教师终身专业发展的方向，努力培养和提高学前教育专业人才的终身学习意识、终身发展意识和终身学习能力，为未来教师专业发展进行知识和能力方面的储备。此外，学前教育专业人才培养课程内容设置要重视对学生反思能力的培养，只有具备反思能力，不断对学前教育课程实践活动进行总结和反思，才能够促进终身学习意识和终身学习能力的养成。需要特别强调的是，学前教育专业人才培养课程内容设置可以综合使用合作学习、自主探究等教学方法，灵活运用促进学生专业知识构建和专业能力发展的方法策略。

（四）关注学前教育相关的最新研究成果和热点难点问题

基本理论、基础知识和基本技能与学前教育专业人才职业素养和职业能力的培养具有非常密切的联系，是构成学前教育专业人才培养课程内容的重要组成部分，但学前教育专业人才培养课程内容不仅仅应当包括这些，还应包括社会发展和学前教育发展新形势下对学前教育专业人才素质提出的一些新要求，以及有利于学前教育专业人才实现教师终身专业发展的相关内容。基于以上原因，学前教育专业人才培养课程内容应该关注学前教育相关的最新研究成果，要及时关注与学前儿童发展密切相关的生理学、神经科学、脑科学、儿童学习与发展等方面研究的最新成果，并能够将这些最新研究成果及时补充到学前教育专业人才培养课程内容中。此外，学前教育专业人才培养课程内容要关注学前教育改革发展中的热点和难点问题，并将这些热点和难点问题反映到课程内容的设置中，要做到与时俱进，不断调整课程方案，创新课程内容，以期有效提高学前教育专业人才培养的水平和质量。

第四节　卓越教师背景下
学前教育专业人才培养课程的组织安排

卓越教师背景下，对学前教育专业人才培养课程的组织安排要注重体现学前教育专业的特点，满足学前教育专业人才培养的实践需求和专业化发展要求。

一、学前教育专业人才培养课程组织安排的基本原则

学前教育专业人才培养课程组织安排的基本原则主要包括规律性原则、相关性原则、交融性原则（图5-3）。

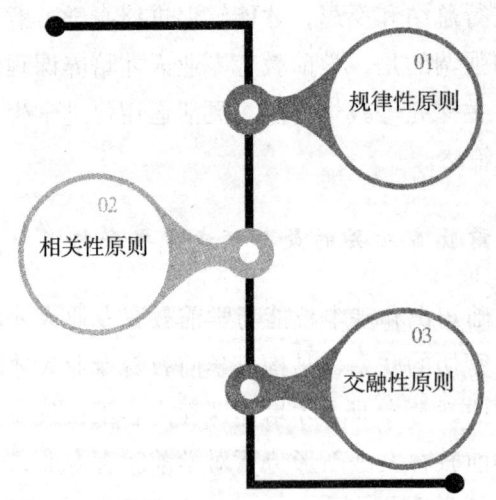

图5-3　学前教育专业人才培养课程组织安排的原则

（一）规律性原则

规律性原则在学前教育专业人才培养课程组织安排中主要反映为两个方面的要点。第一，学前教育专业人才培养课程组织安排要结合学生的身心发

展规律，充分考虑其学习特点和学习方式等内在指标。只有尊重学生身心发展的规律，深入了解学生学习特点、学习兴趣、学习方式等内在特征，才能够构建合格的课程体系，避免学生后继课程学习中徒生困扰。第二，学前教育专业人才培养课程组织安排在内容方面要遵循符合逻辑规律的特点，要注意学生前期学习的知识内容与后期学习的知识内容之间存在的逻辑关系和规律性，一般而言，前期学习的知识内容是后期学习的知识内容的前提基础和必备条件；后期学习的知识内容是前期学习内容基础上的拓展和延伸。

（二）相关性原则

相关性原则指的是学前教育专业人才培养课程组织安排中，要考虑课程内容在横向方面和纵向方面存在的相互关系。从学前教育专业人才培养课程内容横向方面存在的相关性来说，学前教育专业人才培养中要将一部分课程内容与和它存在较大相关性的内容，横向综合并同时期呈现。从学前教育专业人才培养课程内容纵向方面存在的相关性来说，指的是学前教育专业人才培养课程前期的课程内容能够为后面开展的课程内容奠定基础，两者之间密切相关。相关性原则使学前教育专业人才培养过程中的各门课程之间彼此联系、相互支持，形成一个完整的系统化的课程体系。

（三）交融性原则

交融性原则指的是学前教育专业人才培养课程组织安排过程中应注重不同知识属性之间的融合以及不同学科知识之间的渗透。

1.理论知识与实践知识之间的融合

在学前教育专业人才培养课程组织安排过程中，要将理论部分的知识内容与实践体验部分的知识内容紧密结合起来，增加教育实践课程在整个学前教育专业人才培养课程中所占的比例，适当减少学前教育专业人才培养中理论知识部分的内容。要注重理论知识与实践体验的全方位、多角度交融。不但要注重学前教育专业人才培养课程组织安排中理论部分与实践体验部分知识内容的交融，更要注重学前教育专业人才培养教育教学活动中理论与实践的有机结合。

2.学科知识之间的融合

学前教育专业人才培养课程组织安排中学科知识之间的融合既包括学前教育学科专业知识内部的融合，也包括学前教育学科知识与相邻相近学科知识之间的融合，只有将学科知识广泛融合起来，才能构建科学合理的学前教育专业人才培养课程体系。对学前教育专业人才培养而言，强调要培养厚基础、宽口径、强能力的新型卓越教师，就要求学前教育专业人才必须具备宽广的知识结构，其只有拥有完善的知识结构体系，才能胜任托幼机构的保教工作，这是学前教育专业特性所决定的。学前教育专业人才广博知识结构的建构，需要学前教育专业课程知识之间的融合给予支撑。需要指明的是，"广"和"博"不是知识的杂、散、乱的堆积，而是学科知识之间相互联系、相互融合所构建的宽广的知识体系。当前，学前教育专业人才培养课程组织安排的重要任务之一便是实现各学科之间的整合，使学前教育专业人才综合化的知识结构得以形成，同时促使学前教育专业人才迁移、整合、选择及洞察的能力得以培养，从而促使专业知识实现内部整合。学科专业知识内部的融合大致包含两个层面，一是要促使专业理论课程之间的整合得以不断加强，比如，幼儿游戏论、学前卫生学、学前教育学、学前心理学、心理学及教育学等不同课程之间的整合与渗透，有效避免不同课程之间出现内容重复的情况；二是通过加强课程整合，包括教育实践课程与专业理论课程，最大限度地促使专业理论知识能够有效应用于实践领域，并帮助学前教育教师能够在实践中逐渐提高自身的专业理论水平。

二、学前教育专业人才培养课程教学的开展模式

学前教育专业人才培养课程教学的开展模式包括理论课程教学部分的开展和实践课程教学部分的开展等两大部分。

（一）理论课程部分的开展

1.理论课程部分的开展过程

学前教育专业人才培养理论课程部分的开展过程，一般分为激发学习动机阶段、感知知识阶段、理解知识阶段、巩固知识阶段、运用知识阶段和评价知识效果阶段等六个阶段。

（1）激发学习动机阶段。学习动机是指引发和维持学生的学习行为，并使学生的学习行为指向一定学业目标的一种动力倾向。[①] 学习动机的激发需要在一定的教学情境下实现，比如，教师利用一定的诱因，使学生潜在的学习需要转化为行动，促使学生的学习活动与教师的教学活动进入协同状态。在学前教育专业人才培养理论课程教学中，教师要充分激发学生的学习动机，使学生潜在的学习愿望变为主动学习的行为。激发学生学习动机的方法有很多，比较常用的方法主要有情境创设法、巧设问题法、适度奖惩法、启发思维法等，教师在学前教育专业人才培养理论课程教学中需要根据不同的情境，切合实际地采用不同的方式方法，只有充分激发学生的学习动机，才能使学生积极主动投入学习并学有成效。此外，教师要注重提高教学的艺术性，以更能为学生接受的形式呈现教材内容，激发学生学习的兴趣。相同的教学内容经过不同的教学处理，很可能会产生完全不同的教学效果。优秀的教师善于利用教学技巧，使教学内容尽可能新颖、生动、有趣，对学生产生强大的吸引力，激发学生学习的兴趣，充分融入课堂教学活动中，从而提高学生的学习能力和学习效果。

（2）感知知识阶段。学生对知识的认知活动是从感知开始的，这种认知活动往往需要在教师的引导下进行。一般来说，理论课程教学过程中学生的感知主要来源于两种途径：一种是学生通过教学参观、教学实验等活动获得的直接感知；另一种是教师通过语言文字描绘，启发学生对教学内容进行联想，从而形成的间接感知。直接感知可以调动学生多种感官的作用，能使知觉活动成为自觉积极的心理过程，能使感知过程更完善、更确切，并有利于培养学生的观察力，但教学中的直接感知活动毕竟是有限的；间接感知虽然也有自身的优势，但它不是对现实的直接知觉，所以间接感知形成的表象往往不够真切、完整和稳定。因此，在学前教育专业人才培养理论课程教学中需要把直接感知和间接感知紧密结合起来，取长补短，互相补充，才能形成真切、鲜明、完整的表象，促进学生对知识的感知能力提升。

（3）理解知识阶段。理解知识阶段是教学过程中的中心环节，理解知识的目的在于引导学生将感知材料与教学内容联系起来，在感知认识的基础上

[①]　李婉婷.浅谈大学教师激发学生学习动机策略[J].家教世界（创新阅读）,2013,(第8期):204-205.

进行思维加工，从而形成对于概念原理的理解，真正认识和把握事物的本质和规律。在理论课程教学中教师需要在学生形成感知认识的基础上加以引导，使学生的认识产生飞跃，由对事物的感性认识上升到理性认识。理论课程教学中的理解知识主要包括对教材语言、事物类属关系、事物内部组织结构、事物性质、艺术作品主题思想的理解等。在此过程中，具体学生的认识水平会呈现参差不齐的特点，这就需要教师积极引导，充分调动学生思维的积极性，使其运用比较、分析、综合、抽象、概括、系统化的思维方法和归纳、演绎等推理形式，掌握教材中的概念、规律、原理、法则等，进而使学生认识事物的本质与规律，深刻理解和掌握所学知识。

（4）巩固知识阶段。巩固知识阶段是教学过程中的必要阶段。巩固知识是指引导学生将所学的知识形成记忆并储存在脑海中，以便在需要的时候能够迅速呈现出来。学生只有在对知识理解的基础上，才能牢牢记住所学的基础知识，顺利吸收新知识。在学前教育专业人才培养理论课程教学中，学生的学习以书本学习等间接经验的学习为主，参与实践活动产生的亲身体验较为欠缺，因此需要学生对所学知识进行及时巩固，加深对知识的记忆。教师要引导学生掌握记忆的技巧和方法，形成良好的记忆品质，提高学生的记忆力，把机械记忆与理解记忆紧密结合起来，达到巩固知识、增强记忆的目的。

（5）运用知识阶段。掌握知识的目的在于对知识的运用，运用知识是指将所学的知识用于解决实际问题的过程。在高等职业院校理论课程教学过程中，单纯依靠对知识的理解是不够的，学生只有巩固所学知识，学会对知识的灵活运用，才能通过教学实践活动形成技术、技能，促进自身分析问题、解决问题能力的提高。此外，学生对知识的运用需要通过教学实践活动实现，学生对于理论知识的理解与具体应用分别侧重两个不同层面，前者侧重知识层面，后者侧重技术层面，学生对知识达到熟练掌握的程度，并不意味着学生已经掌握必备的技能。换句话说，就是仅依靠脑力劳动是无法替代学生的体力劳动的，一些需要动手操作的实际技能，学生只有经过反复地训练才能达到一定水平，通过完成各种口头或书面作业、实验、实习作业以及参加社会实践活动等形式，实现对知识的运用，形成对知识的迁移能力和创造能力。

（6）评价知识效果阶段。通过知识效果评价对学生知识的掌握和运用情况进行检查和评定是教学过程的必要阶段，也是评价教学质量的重要依据。

学前教育专业人才培养理论课程教学是一项有计划、有目的的活动，在教学活动的开展过程中教学计划的执行情况、学生对所学知识的掌握情况、教学过程存在的不足和问题等，都需要通过知识效果评价及时反馈出来。教师根据知识效果评价的反馈信息，能够及时调整教学策略，采取相应的措施，促进教学活动的顺利开展。

需要特别说明的是，理论课程教学中的上述六个阶段并不是各自孤立存在的，而是一个相互联系、相互促进、相互渗透的有机整体，全面贯穿于整个教学过程之中。教师要根据各学科课程教学的特点、学生接受能力、具体教学任务和教学内容，合理、灵活、创造性地加以安排和运用，从而保证学前教育专业人才培养理论课程教学部分的顺利进行。

2.理论课程部分的教学策略

学前教育专业人才培养理论课程教学中常用教学策略有讲授法、谈话法、讨论法、演示法、练习法、实验法等几种方法（图5-4）。

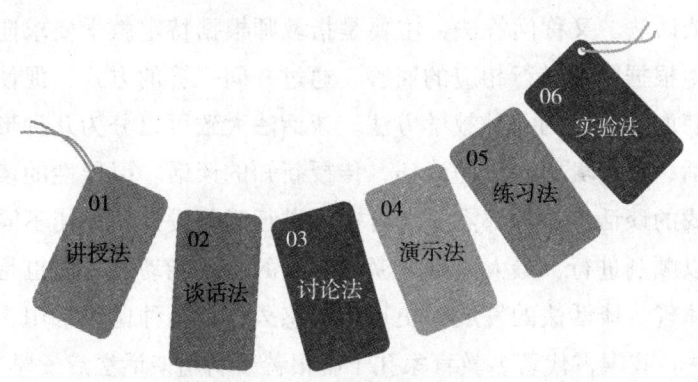

图5-4　理论课程教学常用方法

（1）讲授法。讲授法指的是教师运用简明、生动的口头语言向学生进行知识传授和技能传授的方法。讲授法在教学发展史上一直占据重要地位，古往今来，讲授法都是教师教学过程中最为常用的一种有效方法，因其集合了经济性与实效性等方面优点。在具体的教学过程中，讲授法又可以分为多种形式，即讲演式、讲读式、讲解式、讲述式等。上述形式又各自具有不同的特点。具体来说，如果教师向学生传授知识时大多采用的是描述或者叙述方法，人们称之为讲述；教师向学生论证、解释与说明科学定理、公式、原理与概念的过程，人们称之为讲解；所谓讲读是指教师采用讲和读交叉进行的方法，该方法不仅包括老师的讲和读，还包括学生的讲和读；所谓讲演是指教师对一个完整课题进行系统的论证、分析并做出科学结论的一种方法。总体来说，上述几种形式在教学活动中较为常见。教师在运用此类形式时，应当最大限度地将学生听讲的方式加以考量，促使学生的积极性、自觉性与教师的引导作用紧密结合起来。讲授法就其本质而言是指一种单向性的知识传播方式，即教师在知识讲授的过程中，始终处于主动地位；学生则处于被动地位。因此，在讲授法的实施过程中，教师既需要强调知识的思想性与科学性，又要从学生的视角出发，考虑学生的接受能力问题，内容的安排上要符合学生认识发展的规律，讲述语言要符合学生的接受习惯并侧重启发性，尽量做到准确精练、生动形象，善于使用启发诱导的语言巧设疑问，在知识理解的基础上引发学生的深度思考，将知识教学、思想教育和智力启发三方面有机结合起来，使学生在较短的课堂时间内获得愉快的课堂体验和较为全面系统的知识内容。

（2）谈话法。又称问答法，主要是指教师根据特定教学要求向学生提出疑问，学生根据问题进行相应的回答，通过一问一答的方式，促使学生实现对知识的获取与巩固的一种教学方法。谈话法大致可以分为几种形式，包括总结性谈话、复习巩固知识的谈话，传授新知的谈话、引导性的谈话等。无论何种形式的谈话，教师都需要结合实际进行问题设计，促使不同形式的谈话活动得以顺利进行，最大限度地激发学生的主观能动性，这也是谈话法作用的集中体现。谈话法的发展历史也相对悠久，是一种比较常用、行之有效的教学方法。我国古代著名教育家孔子就很善于利用谈话法启发学生的思维，他主张教学要循循善诱，运用"叩其两端"的追问方法。古代希腊哲学家苏格拉底（Socrates）也很善于运用谈话法进行教学。苏格拉底并不会直接将知识与经验传授出去，而是结合学生在学习过程中遇到的各类问题，引导他们进行独立思考，帮助他们通过自主探索寻找最终的正确答案。而当学生回答错误时，苏格拉底也不会及时进行纠正，而是通过补充提问的方式，引导学生自己发现错误出现的原因并加以改正。在现代学校教育中，谈话法也被广泛采用。谈话法这一教学方法，需要教师在教学活动开展之前准备好相应的问题和谈话计划。在理论课程教学过程中，教师要善于运用谈话法，提出具有趣味性、启发性的问题，从而引发学生的思考，并以此为基础继续加以诱导和启发，拓宽学生的思维，加深学生对知识的理解和认识。在理论课程教学过程告一段落之后，要及时进行归纳和总结，以便纠正教学过程中存在的一些不正确的观点和认识，使学生形成系统化、科学化的知识体系。谈话法在学前教育专业人才培养理论课程教学中能够照顾每一个学生的特点，具有一定的教学优势，具体表现在以下几个方面，如唤醒学生的学习兴趣，保持学生的学习注意力，促使学生的语言表达能力与独立思考能力得以提高等。通过谈话法，教师可以直接了解学生对于知识技能的掌握情况，根据教学反馈信息对教学效果进行检验，及时改进教学过程中存在的不足和缺陷，从而促进学生学习兴趣的提高，有效提升教学效果。

（3）讨论法。讨论法指的是学生以全班或小组为单位，在教师的指导下，围绕教学中的中心问题展开讨论，发表自己的观点和看法，从而获取知识和巩固知识的一种教学方法。讨论法需要学生在具备一定基础知识、理解能力和独立思考能力的基础上进行，讨论的问题要具有一定的典型性和代表性，使其能够对学生形成启发和引导，讨论法课后同样需要教师进行及时总结，发现学前教育专业人才培养理论课程教学过程中存在的问题。讨论法的优点在于学生参与的普遍性，并且通过对所学知识的讨论，学生之间可以集思广益，相互启发、相互学习，在加深对知识的理解和认识的同时，还能够培养学生的合作精神和钻研精神。讨论法既是对新知识的学习，也是对旧知识的巩固；既可以单独运用，也可以和其他教学方法配合使用。通过讨论法，学生之间能够取长补短，促使每一位学生能够实现知识的学习与巩固，从而最大限度地调动他们的学习积极性与主动性，激发他们的学习兴趣，提高学生自主学习的能力。

（4）演示法。所谓演示法是指在课堂教学过程中，教师借助示范性实验、直观教具或者展示实物等方式，促使学生获取知识与巩固知识的一种教学方法。演示法通常是一种辅助性质的教学方法，通常情况下，需要与其他教学方式配合使用。演示法在教学开始之前需要教师根据课堂教学需要，准备相关的教具、选取典型的实物，最好课前先将演示过程或演示实验试做一遍。通常演示法分为实物或模型演示、标本演示、图片图画演示等几种形式，并且应做到便于使学生明确演示的目的、要求和过程，使学生获得对某一事物或现象的外在感性认识。演示法在学前教育专业人才培养理论课程教学过程中需要与教学内容紧密配合，同步进行，教学中用到的展示实物、教学道具等需要在合适的时机出现，否则容易造成学生注意力的分散。此外，在演示过程中教师要结合情境向学生适时提出问题，进行点拨和引导，引发学生展开积极思考，以便获取理想的教学效果。

（5）练习法。练习法指的是学生在教师的指导下，运用知识去反复完成一定的操作并形成技术技能的教学方法。练习法的应用非常广泛，其几乎在各个学科中都得到了普遍使用。练习法按照实现形式划分，一般可以分为口头练习、书面练习和实践操作练习等几种形式；按照对技术技能的掌握进程划分，一般分为模仿性练习、独立性练习和创造性练习等几个方面。教师组织练习法教学时要使练习有变式，保证学生练习的兴趣，避免单调练习引起学生的厌倦情绪，同时，教师要根据学生的具体情况，对不同学生提出不同的练习要求，练习方法也要多样化。在理论课程教学中使用练习法，需要使学生明确练习的目的和要求，引导学生形成积极的练习动机，避免练习的盲目性，保证练习的质量和结果，促进理论知识向实践技术技能的转化。在练习法的使用过程中要进行合理安排，对练习的数量、难度、速度等方面都要进行明确要求，使练习有计划、有步骤，由易到难、由简及繁，循序渐进地开展。此外，还要对练习结果及时进行检查讲评。教师及时向学生反馈练习结果，能使学生巩固与发扬练习中的优点，及时纠正练习中发现的缺点与错误。这是促使下一阶段的练习获得进展的重要条件。

（6）实验法。所谓实验法是指在教师的指导下，学生通过独立操作仪器设备，对实验过程中发生的变化进行观察，从而发现事物内部的客观发展规律，获取相关知识和技能的一种教学方法。实验法分为感知实验和验证试验两种形式：感知实验一般在新课程开始之间进行，目的是使学生对新课做好感性认识的准备，加深学生对知识的印象；验证实验一般是在讲完新课以后进行，目的是验证某种结论或说法的合理性。教师要把握时机，引导学生做出总结，以帮助其巩固所学知识。实验法的优点在于使学生在实验操作的过程中，通过独立观察与操作获得直观感受，帮助学生实现完整知识体系的建构；与此同时，通过实验操作也能够帮助学生培养科学探索精神，提高学生实际操作能力。

（二）实践课程部分的开展

学前教育专业人才培养实践课程属于学科教育中的综合课程部分，主要目的是促使学生积累从事学前教育工作的相关直接感性经验，从而提高学生学前教育工作的相关技能技巧。实践课程部分在学前教育专业人才培养课程体系中占有重要位置。

1.实践课程的价值意义

学前教育工作具有一定的特殊性，即其教育对象具有低龄化、思维认知结构发展不完全、生活自理能力差等特点，因此，在学前教育专业人才培养实践课程的教学过程中，应以使学前教育促进幼儿的发展为核心，在此基础上通过教育专业理论与实践相联系的学前教育专业人才培养实践课程的开展，培养学生发现问题、分析问题以及解决问题的能力。学前教育专业人才培养实践课程教学的内容涵盖实践性课程、实践性活动、实践技能的获得等多个方面，有利于帮助学前教育专业学生实现从理论知识向实践能力的转化，从而为其以后实际教学中的教育技能操作打下基础，实现其向专业教师的过渡发展。

2.实践课程部分的教学策略

学前教育专业人才培养实践课程部分的教学策略主要包括教育见习的规划管理、教育实习规模与内容的优化、重视专业技能综合实践等。

（1）教育见习的规划管理。学前教育专业人才培养教育见习指的是学前教育专业学生到幼儿园或托儿所等托幼机构进行教育观摩和学习的一种实践方式。[①] 教育见习在学前教育专业人才培养实践课程中处于基础阶段，是学生在对教育理论知识初步掌握的基础上，为获得实践锻炼而展开的有效教学项目。学前教育专业人才培养实践课程教学中，可以将教育见习实践分散在教学活动开展的不同阶段。比如，可以将教育见习统一安排在一定时间的理论学习之后，进行一周左右的统一见习，以加深对一定阶段内理论知识的巩固。此外，对教育见习实践的内容要进行统一的规划和安排，把学生对幼儿园的常规活动的了解、协助班级管理活动、参加幼儿园的环境创设活动等教育见习实践内容按照一定流程进行安排，使学生从能具体地实践活动内容中获得初步经验。

---

① 孟兆怀.实践教学行与思（第3辑)[M].成都：电子科技大学出版社,2015：423.

（2）教育实习规模与内容的优化。传统模式下学前教育专业人才培养实践课程中通常只安排一次的实习活动，这样小规模的短期的教育实习活动不但不利于学生直接性实践经验的获得，更难以达到预期的效果和实践教育的目标。因此，在教育实践教学中可以将教育实习活动分为初期阶段、毕业实习阶段、研究性实习阶段三个阶段，在每一阶段安排不同的实习活动，可有针对性地培养和提高学生独立分析和解决问题的能力。此外，在学前教育专业人才培养教育实习的实践课程内容方面，不但要包含幼儿教育、保育工作、班级管理等方面的内容，还应包含家园共育活动，如积极组织学生到社区相关单位进行实践活动，丰富学前教育专业培养实践课程教育实习的内容。

（3）重视专业技能综合实践。学前教育专业人才只有通过综合实践活动，才能进一步培养专业方面的技能，成为一名合格的教育人才。通常而言，学前教育专业的教学技能内容主要包括以下几个方面，诸如突发事件处理能力、班级管理能力、教学方法运用能力、教学活动设计与组织能力、教学基本功等。对此，学前教育专业人才应能够采取多种途径开展综合实践活动，包括多媒体教学、模拟教学、微格教学等。此外，高等师范院校可以组织各项综合活动，比如网络资源共享、典型教育教学案例观摩、幼儿园名师做客、高校专家讲座等，引导学生积极参与其中，并基于此，开展各类小组实践综合活动。活动教学的过程中，学前教育专业教师应当尽可能地促使课堂演练与课外自主练习有机结合在一起，通过一系列的活动，比如观摩典型案例、现场演练、师生研习及重复巩固演练等，循序渐进地实现课程教学目的。

第六章 提质·卓越教师背景下学前教育专业人才核心素养培育

第一节 卓越教师背景下学前教育专业人才素养培育

学前教育专业人才培养目标之一是培养学生的专业素养和综合能力，促使学生具备主要包括专业知识素养、高尚的师德师风、全面的审美素养、专业的教学素养等多方面的专业素养和综合能力。

一、专业知识素养

学前教育专业人才的专业知识素养是指使学生未来能够胜任幼儿园教育教学相关工作的相对稳定的系统化的知识。主要包括专业基础知识、通识性知识以及幼儿保育知识（图6-1）。

图6-1 学前教育专业人才的专业素养

（一）专业基础知识

学前教育专业人才需要掌握学前教育方面的专业基础知识。专业基础理论和知识是学科的基础，学前教育教学也是如此。学前教育专业人才需要掌握学前教育学科所涉及的基本理论和相关学科的基础知识，以科学的方法和综合运用的教学模式，开展教育教学活动。学前教育专业基础知识主要指幼儿教育基础知识与幼儿生理、心理方面的相关知识。首先，学前教育专业人才要掌握幼儿教育相关的基础知识，包括幼儿教育的理论知识、幼儿教育的基本规律及实践方法等，这是开展幼儿教育的重要基础。其次，还需要掌握幼儿生理学和心理学相关的知识，了解幼儿身心发展的特点与规律，这些是幼儿教师开展教育工作的重要依据。最后，学前教育专业人才还应该具备音乐、美术、戏剧、文学等相关专业的基本知识，这些专业的基本知识与学前教育教学息息相关，是学前教育专业人才必须掌握的基础知识。

（二）通识性知识

学前教育专业是一门综合性学科专业，它所涵盖学科范围比较广泛，既包括学前教育学本身，也涉及社会学科、人文学科、心理学科和管理学科等多种学科，因此学前教育专业人才除应具备专业理论知识之外，还应该具有丰富的其他学科知识结构，需要具备社会学、人文学、心理学、管理学等在内的相关学科的知识。学前教育工作者只有不断拓展自己的知识面，不断丰富自己的知识结构，具备多种学科的知识储备，才能在学前教育教学中得心应手，开阔学生视野和思维，丰富育人的渠道和形式，适应不断发展变化的学前教育教学的需要。

（三）幼儿保育知识

幼儿保育知识包括幼儿卫生保健知识，常见传染病症状、预防、隔离期等医学常识，常见病护理知识，以及幼儿园安全知识。保障幼儿的安全和健康发展也是幼儿教育的一项重要内容，这就要求学前教育专业人才应具备一定的幼儿保育知识，从而实现保教结合。

二、高尚的师德师风

我国著名教育家陶行知先生认为："学高为师，身正为范。"[①] 教师是塑造学生灵魂的人，因此学前教育专业人才需要具有高尚的师德师风。对于学前教育专业人才来说，要想具备高尚的师德师风，应做到真心热爱学前教育事业、恪守学前教育教师伦理，具有为美育事业献身的精神，树立良好形象，发挥榜样作用。

（一）热爱学前教育事业

学前教育工作者需要具有奉献精神，在职业生涯中需要勤于思考、不断钻研、勇于创新。学前教育专业人才由一名学生成长为优秀的学前教育工作者，必然需要经历很多挫折和失败的磨炼。如果对学前教育事业缺乏足够的热爱，一旦遇到职业生涯中的挫折或倦怠期，学前教育工作者的专业发展就会停滞不前。因此，只有真心对学前教育事业充满热爱，才能不惧职业生涯中的挫折，平稳度过职业生涯中的倦怠期，将学前教育事业视为一项神圣的事业，为了学前教育事业的发展而默默无私奉献。

（二）恪守学前教育教师伦理

伦理是人们在处理相互之间关系时所应该遵循的道理和准则。对于学前教育教师来说，要想具备良好的专业伦理，就应具有爱心、责任感和公平心。所谓爱心指的是幼儿教师从内心深处对学生的关爱之心。只有拥有对学生真挚的热爱之情，才能赢得他们的爱戴和尊重。师生之间在此感情基础之上才能够建立起和谐的伦理关系：教师全心投入到学前教育教学中，为幼儿的成长发展甘于奉献；学生也会对教师的教育教学活动加以配合。教育工作者的责任感通常是指教师对于自己所从事职业的一种与生俱来的使命感，是一种对于教师工作的责任与担当，具体体现在教师对学生学习情况的了解与掌握，对学生日常生活的关心与关怀，对教育事业的尽职尽责等方面。通常来说，具有高度责任心的教师会在自己的专业领域内深耕细作，最大限度地挖掘自

---

① 陶行知.优秀教师的自我修养[M].长沙：湖南人民出版社，2019：3.

身的潜能，提升自身的综合素养以及专业水平。一般来说，公平心是指教师在教育教学活动中，能够始终坚持教育正义与教育公平等原则。坚持教育正义实质上就是指在教育教学工作中能够真正做到伸张正义，最大限度地捍卫学生的权利与尊严。崇尚和恪守学前教育教师伦理，是学前教育专业人才必备的素质。

（三）以身作则的人格体现

以身作则是学前教育教师师德的人格体现。我国古代著名教育家孔子在《论语·子路》中说过："其身正，不令而行；其身不正，虽令不从。"这句话肯定了教师身教的重要性。对于幼儿阶段的教育工作来说，身教尤其重要，因为幼儿具有较强的向师性，在他们看来，教师是最权威、最崇高的榜样，他们会有意识或无意识地模仿教师的言行，所以学前教育工作者在教育活动中的言行举止，包括情感态度等，都可能会对幼儿产生潜移默化的影响。因此，学前教育专业人才一定要严于律己，以身作则，处处给予幼儿榜样精神的力量影响。以身作则的行为典范主要表现在如下几个方面。

1. 言语方面

在言语上，教师要做到语言文明、规范，表达亲切自然，不说脏话，不随意指责他人。

2. 行为方面

在行为上，教师要做到举止得体，礼貌待人，不做粗鲁的动作；此外，还要做到不迟到、不早退，不无故旷课，为幼儿做出表率。

3. 情绪方面

在情绪上，教师要学会控制自己的情绪，时刻保持良好、平和的心境状态，并精神饱满地投入教育教学工作。

4. 思想道德方面

在思想道德方面，教师要做到实事求是，表里如一，同时还要具备崇高的理想、信念和高尚的情操。

（四）尊重他人的师德延伸

在开展幼儿教育工作的过程中，学前教育工作者除了要接触幼儿之外，还需要接触其他教育工作者以及幼儿的家长，有时甚至还需要接触一些社会人士，这就需要学前教育工作者能够做到尊重他人，这是学前教育工作者师德的延伸，也是学前教育教师师德素养中不可或缺的组成部分。教师与教师、教师与幼儿家长间的沟通与合作是非常重要的，而在沟通和合作的过程中，相互之间只有做到彼此尊重，才有助于沟通与合作的顺利进行。此外，有些教育活动的实施需要社会人士的支持，在与社会人士接触的过程中，教师也要保持足够的尊重，这不仅有助于教育活动的顺利实施，还有助于学前教育工作者良好形象的塑造。

三、全面的审美素养

对于学前教育专业人才而言，全面的审美素养主要包括风度美、人格美、审美能力突出等方面的内容。

（一）风度美

风度美是指人在表情神态、言谈举止、形体动作、修饰打扮等方面展现出来的美。风度美的形成和发展与社会实践活动具有密切联系，是个人的个性特征、生活习惯、文化修养、道德情操等方面的综合外在体现。风度美具有丰富的内涵，主要包含以下几个方面。第一，风度美是通过美的仪态、动作、神态等所展现出来的人的精神状态。例如匀称健康、衣着合体大方所展现出来的仪态美；精神饱满、充满活力的身体所展现出来的神态美；言谈举止得体、谦虚有礼、温文尔雅所表现出来的行为美等。人的美可以分为内在美和外在美，达到两者的统一才能实现真正的美。一个人不能只追求仪表的美而忽视心灵方面的美的修养，那样只能是徒有其表；也不能一味追求内在美而不修边幅。人要做到心灵美与仪表美并重，实现内在美与外在美的统一。第二，风度美是人的个性、修养、气质等方面的外化。风度美从表面上看是一种外在的美，但是，其内涵更注重个人的修养和气质等内在之物，真正的风度美不在于外表，而在于内在美的自然流露。一个人如果缺少内在修养，不管其外表多么出色，语言多么动听，也难以掩饰其内心庸俗的本质。第三，风度美是多种多样的，不同的人在风度美方面的表现也不尽相同：有的人热情奔放、活力四射，有的人文静端庄、恬静优雅，有的人风趣幽默、开朗健谈，有的人成熟稳重、含蓄寡言……风度美的表现千变万化，各具特色。

学前教育教师在教育教学中要时刻注意保持自己的风度美，以严格标准来要求自己，因为教师好比是一面镜子，一颦一笑、一举一动都有可能给学生带来影响。教师作为教育工作者，其所处的位置很容易成为别人，尤其是受教育者观察自我的镜子，起到镜鉴作用，产生反馈效应，因此，教师不但要注意提升生活中的风度美，还应更加注重教学活动中的风度美，时刻以高标准来要求自己。风度美形成于日常生活的实践之中，因此其形成过程常受到地理环境、文化习惯、民族习俗、文化传统等多种客观因素的影响。不同的历史时期，对风度美的标准、内涵和评价方式也不尽相同。风度美是人类遵循美的客观规律，实现自我认识和自我完善的结果，其内涵也为人们规范自身的言行举止提供审美标准和自我塑造的依据。学前教育工作者追求风度美，必须要做到内在美与外在美的有机统一，只有心灵美，才会显现出风度美。风度是共性与个性的和谐统一，是自然与修饰的有机统一，只有内外兼修，才能使内在美与外在美浑然一体，形成给人以强烈美感的风度美。

（二）人格美

人格是一个人的尊严、潜在能力、道德品质、气质、性格等特征的总和，即"人之为人"的一种规定性。教师的精神境界的充分展现是教师的人格，乃至其魂魄所在，它反映着一个教师的人品、才情、心性等方面的综合素质。教师的人格素质如何，在教育教学过程中直接影响着学生。教师是学生的榜样和表率，是学生锤炼心志、培养人品、获取知识的导引者。教师在人格方面的榜样和表率作用潜移默化地发生着，并通过学生内心的接受和认可，进一步内化为学生的意愿和理念。这样的内化过程是在学生心中确立教师高尚形象和人格权威的过程，一经确立便会深深地扎根于学生心中。

（三）审美能力

1.具有高品位的审美修养

通常来说，审美修养是个体综合能力的一种体现，涉及与"美"相关的创造能力、评价能力、鉴赏能力与感知能力等。其中尤为关键的是与美的规律相契合的自律行为以及一种内在的心灵美。审美修养同时也意味着责任心与自信心的和谐统一，是个体在实现社会价值与个人价值统一时的内心愉悦感，是个体对待生活表现出的一种积极向上、无比热爱的态度。对于教师这一职业而言，具有一定的审美修养能够促使教师创造性地开展教学工作，从而有效提高教学效率与教学质量。与此同时，从本质上看，培育高品位的审美修养就是对高尚审美人格的建构。一名拥有高品位审美修养的教师，通常都拥有高尚的师德，这是审美人格的外化力量。

2.加强审美修养

对于学前教育专业人才来说，自己逐渐提高审美修养，本质上既是提升自身的审美素质的过程，又是让幼儿接受审美教育的过程，并且作为学前教育工作者，其工作的最终目的就是根据美的规律，对新时代人才加以塑造。要想实现这一教育目的，作为教育者应当系统掌握审美教育学的相关理论知识，对审美教育的意义与价值做到理解与认同，对审美教育的途径与任务加以明确，对审美教育方法加以正确把握。首先，学前教育教师的教学应致力于促使幼儿建立正确的审美观，帮助他们朝着健康的方向发展。其次，帮助幼儿培养感受美与鉴赏美的能力。最后，促使幼儿发现美、表现美与创造美的能力得以不断提高。教师通过培养幼儿动手能力，让幼儿在亲自制作手工艺品的过程中，能够直观地体验与感受美，从而促使他们在日常生活中也能够做到感受美，发现美，从思想行为角度出发，若想促使个体最终实现内在美、外在美与语言美，教师在教学过程中应当充分考虑语言美、外在美以及内在美三方面，促使其成为一个整体，可以说，在教学过程中三者缺一不可。

总之，学前教育专业人才应当具备一定的审美修养，只有这样，才能做到真正拥有健康的审美情趣，以及较高的审美能力，从而正确地对审美对象加以判断，并从中获取美的启迪。教师唯有在自身具备了较高的审美修养之后，才能够正确地引导教育对象，从根本上塑造学生健康的心灵，帮助学生树立正确的审美观。

四、专业教学素养

专业教学素养是学前教育专业人才的基本功和必备素养。作为学前教育教师，要充分考虑学生在接受能力方面与成人的不同，在教学过程中充分重视这一点，从语言、行为等各个方面加以注意，从而使幼儿能够实现健康成长和全面发展。学前教育专业人才的专业教学素养主要包括以下几个方面（图6-2）。

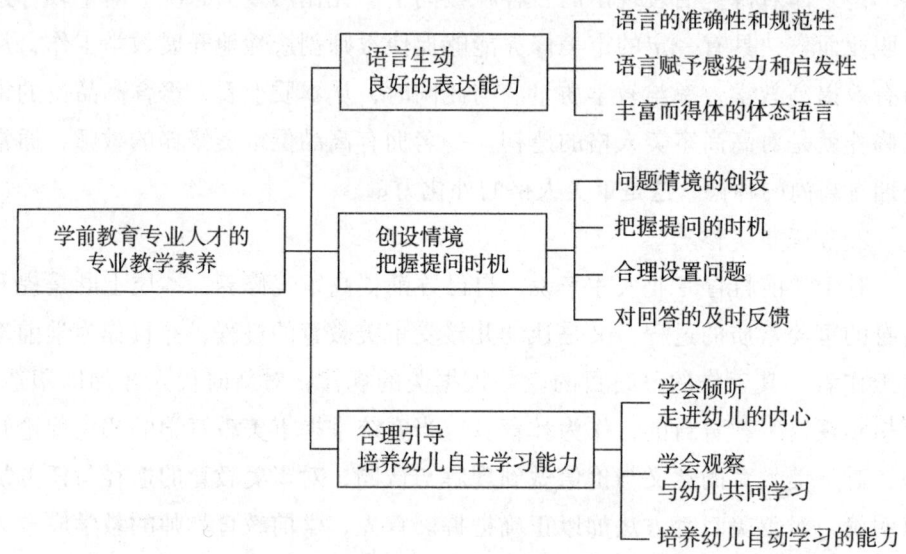

图6-2 学前教育专业人才的专业教学素养

（一）语言生动，良好的表达能力

语言是人类用来表达感情、交流思想的工具。在学前教育教学中，学前教育专业人才不仅要具备丰富的专业知识，还应该具有良好的语言表达能力。良好的语言表达能力对学前教育教学效果的提升起着非常关键的作用。

首先，学前教育教学中，教师的语言要具有准确性和规范性。学前教育教师的语言要能准确表达出学前教育教学的主要内容和所要传达的思想，做到简洁精练，语意明确。其次，学前教育教学中，教师的语言要富于感染力。富于感染力的语言能够活跃课堂活动气氛，吸引活泼好动的幼儿的注意力。

再次，学前教育教学中，教师的语言要具有启发性，能够进一步诱导幼儿发散创新创造思维。学前教育教师启发性的语言能给幼儿带来思考和想象的空间，促进其智力和创新思维的发展。教师语言启发技巧的提高，能大大激发幼儿的思维，为幼儿思考和解决问题提供基本的思路和想法。学前教育教师要努力提高自己的语言素养，讲究语言艺术性，因为语言艺术性在很大限度上决定着学前教育教学的学习效果。最后，学前教育教学中，学前教育教师要灵活运用丰富而得体的体态语言。教师的体态语言是口头语言的有效补充，口头语言和体态语言的有效结合，能使学前教育教学达到一种较高水准的艺术效果。教师的体态语言包括教师的表情、目光、手势等，是课堂教学活动中一种重要的信息传递手段。教学过程中体态语言的运用要把握好时机和频率，只有运用得当，才能起到画龙点睛的作用。

（二）创设情境，把握提问时机

学前教育教师在设计课堂提问的时候，一定要学会站在幼儿的立场进行思维判断，把握提问的时机，采取多种多样的有效提问方式，以提高幼儿的思维水平和思维能力。

1. 问题情境的创设

创设问题的情境、激活学生的思维兴趣是教师启发幼儿思维的有效手段。学前教育教师只有通过适当提问，引导幼儿积极地进行思考，才能帮助他们逐渐激发对新知的渴望，拥有较高的求知欲，保证他们的思维活动处于活跃状态。教师在教学的过程中，无论是整体过程，还是微观环节，都应当对问题情境的创设加以重视，使幼儿进入问题探索者的角色状态。

2. 把握提问的时机

学前教育教师提问时机的选择也十分重要，应当结合学生的实际情况与学习内容进行适时选择，努力抓住幼儿情绪状态的最佳时机，适时地进行提问。通常而言，适合的时机大致分为以下几种情况，即幼儿自我评价时、幼儿思维受阻时、幼儿研究目标不明时，以及需要激发幼儿学习热情时等。总之，学前教育教师应当拥有把握提问时机的能力。

3. 合理设置问题

学前教育教师设置的问题必须新颖而又恰到好处。问题提得太难，则如空中楼阁，可望而不可即；问题提得太容易，又会使学生缺乏思考的余地。教师应当合理地进行问题设置，使问题犹如悬挂在适当高度的桃子，虽不可手到拈来，但学生跳一跳又可以够得着。做到让幼儿愿意接受教师的提问，并愿意做出适度的思考与回答需要一定的方法与技巧，这就需要教师能够将思路的广阔性、问题的趣味性、现实性、启发性及知识性等充分考虑进去，并且可以结合不同幼儿的知识素质差异，做到有的放矢。此外，学前教育教师在进行问题设置时，应当从整体角度出发，通过提问循序渐进地对幼儿进行启发与引导，即由表及里、由小至大、由简及繁、由易及难，步步深入，从而促使幼儿能够形成对问题的完整认知。通过教师与幼儿之间的一问一答，引导幼儿参与发现问题、分析问题以及解决问题的全过程，这样做，一方面可以对幼儿加以思维启迪，另一方面还可以促使他们的综合能力素质得到提高。

4. 对回答的及时反馈

在幼儿回答问题后，学前教育教师应当进行及时反馈，给予对方客观积极的评价，借助鼓励性的语言，引导幼儿朝着正确方向进行思考。当幼儿回答正确时，教师应当及时地给予肯定与表扬，培养孩子的学习自信心，激发孩子的学习兴趣与热情；当幼儿回答错误时，教师应当借助艺术性的语言加以适度的引导，帮助他们纠正错误观点。通过上述方法，可以帮助幼儿培养自身对于问题的推理与分析能力，培养他们的思维品质。通常来说，问题具有开放性十分重要，可以在一定程度上帮助幼儿拓展思路，培养他们的发散性思维。学前教育教师应当结合实际课堂教学情境，从整体角度出发对课堂教学加以把握，在此基础之上，才能真正培养幼儿独立思考的能力。在这种情况下展开的师生对话，才是有效对话。

（三）合理引导，培养幼儿自主学习能力

在学前教育教学活动开展过程中，学前教育教师要尊重幼儿的兴趣与需要，进行合理引导。教师既要考虑该如何去调动幼儿的积极性，让幼儿主动参与到活动中，自主地进行学习；又要重视对于幼儿的支持、引导和帮助，这要求学前教育教师不断思考，挖掘活动的内在价值，帮助幼儿把在活动中的实践体验提升为自身的生活经验。

1.学会倾听，走进幼儿的内心

在学前教育教学活动中，学前教育教师的首要任务就是倾听，倾听行为向幼儿传递了"教师对他们是关注、理解、尊重和欣赏的"这一信息。倾听意味着全心全意地关注幼儿，促进幼儿进入主动的学习状态。在此过程中，学前教育教师的心灵时刻与幼儿的心灵充分结合，与幼儿一起研究和探索。

2.学会观察，与幼儿共同学习

观察是学前教育专业人才必须具备的重要素质。观察是为了使学前教育教师真实准确地了解幼儿在活动中的行为表现，以便帮助学前教育教师做出科学的判断。

3.培养幼儿自主学习的能力

学前教育教师在课堂教学过程中承担着多重角色责任，其既是课堂教学活动的组织者、课堂纪律的管理者，同时又是知识的传播者、学习的引导者、幼儿的评价者，以及更为关键的，其也是课堂信息的重组者。教师进行的信息重组在一定程度上帮助学生实现与教师的有效互动与沟通，从而提高课堂教学质量与效率，真正促使幼儿成为学习的主人。故此，上课时学前教育教师应当对幼儿的回答做出及时反馈，并给予积极的回应，通过高效的沟通与交流，促使教学活动得以顺利推进。与此同时，教师应当做好课后回顾总结，对课堂教学中出现的问题进行反复推敲，并对其加以分析与整理，从而实现对课堂信息的重组，促使课堂教学在特定情境中动态地生成，培养幼儿自主思考和自主学习的能力。

第二节　卓越教师背景下
学前教育专业人才心理素质培养

卓越教师背景下，对学前教育专业人才心理素质的要求日益提升。学前教育专业人才要正确认识自我，做好心理调适，重视自身职业心理意识的培养。

一、学前教育专业人才应该正确认识自我

自我认知指的是个人对自己的洞察和理解，其核心内容包括对自己的感知，对自己的思维和意向的察觉与洞悉，以及对自己的想法和期望、行为和性格的判断及评估，等等。学前教育专业人才提高自我认知水平，具体可以从以下三个层面进行。

（一）自我认识

自我认识就是通过自我主观的意识，对自身进行客观的认识，属于一种个体对自己身心特征的认识，正确地进行自我认识将会对自身的心理和行为产生极大的促进作用，利于自身心理的健康成长。

大学生群体从高中阶段进入大学，因为学习模式、生活模式的巨大改变，其中的很多人对自我的认识会产生转变，尤其是对自我的评价会有极大转变。这就容易造成大学生的自我认知呈现出两种极端状态：当遇到挫折时会产生不稳定的自卑心理，从而一蹶不振；当取得一些成就时会出现不稳定的自负心理，从而目中无人。这都是自我认知不准确，又无法及时进行自我调整造成的。

客观认识自我可以采用类比法，将自己和条件类似的他人进行类比，见微知著，才能正确挖掘自己的真实状貌。通常情况下，大学生认识自我容易存在片面性。比如，仅仅看到了自身优势的一面，却忽略了自己劣势和有缺点的一面，这样就容易出现取得成绩就自满的现象；又如，仅仅看到了自身缺点和劣势，却没有看到自己的优势和能力，这样就容易遇到问题和挫折无法适从、不知所措，从而产生自卑心理。

类比法通过观察类似他人，能够推动个体客观认识自身的优势和劣势，从而更加客观地对自己进行正确评价。比如，遇到问题后，将问题解决过程中遭遇的各种情况和他人进行类比，若类似于自己的他人所遭遇的情况和自身相仿，那说明遭遇此情况的原因并非是自身的固有能力差，而是经验不足、年龄阅历不够等，可以通过分析将造成问题的因素找出，努力去改善它，从而最终改变现状。

客观认识自我需要站在旁观者的角度对自己进行剖析，可以从三个方面

进行自我认识的训练。第一，认识自己的身体特征和生理状况，包括身高、体重、力量、耐性、健康程度等，从能够观察到的表象对自己进行认识；第二，认识自己在集体之中的地位和作用，这时需要采用类比法来逐步提高自我评价能力，借助别人对自身的评价和自身对他人的评价这两者的类比关系，进行自我评价第三，认识自己内心的心理活动和心理特征，包括各种心理感受、自信心程度、情绪变化等。

正确的自我评价，需要在实践中进行。灵活运用类比法，可更加全面更加辩证地对自己进行评价。

实践中的自我评价属于直接自我评价，即先对自身固有的条件进行认识和了解，包括前面提到的自己的身体特征、生理状况，还包括心理状态、情感特点、爱好兴趣、知识水准、专业特长、智力情况和能力特点等，可以运用对应的测评工具来测定自身的气质类型、性格类型、智商水准等作为参考；之后再运用自己在不同领域取得的实践经验，将自身的优势和劣势提炼出来。比如，大学生可以通过比对各科学习目的、学习时长、投入精力和最终取得的成绩差异，分析出自己在哪方面具有实践优势。

借助类比法进行的自我评价属于间接的自我评价，即通过和他人进行对照，客观认识自身的真实情况。可以将自己与社会中和自身条件类似的人做比较，还可以通过他人对自身的态度来进行自我评价，再就是可以通过自身的实践活动产生的社会效应来进行自我评价。

认识内心的心理活动和特征，可以运用自我体验的方法。通过自我体验的训练，培养主观自我对客观自我持有的态度，消解负面的心理体验，如自卑、自满、内疚、羞耻、尴尬等，同时充分感受自尊感、自信感和自豪感，从而做到不自卑、不自傲、不自满。

（二）及时反省正视优劣

在对自我有了基本的认识之后，就需要个体通过自我反省来正视自身的优势和劣势，即运用自我观察、自我分析和自我报告的方法，对自我进行客观的评价，可以通过观察自身的言行举止、心理活动，来分析自身的具体情况，从而可以令自我评价更加独立、客观。

拥有了客观的自我评价，下一步则是接受这个客观的自身现状，明晰自身的长短处，保持平稳的情绪，以尽量发挥自身优势，通过努力来弥补自身劣势，从而做到及时适应现实，处理好情绪应对问题。

（三）拉近理想与现实的距离

理想中的我和现实中的我总是存在差距，只有正确认识并合理看待这种差距，才能从一定程度上接受现实，促进个体的发展。因此，在设定理想时，不要脱离现实。如果理想设定与现实的差距太大，则容易使个体丧失信心，产生巨大的心理落差；反之，如果理想设定与现实的差距过小，那么个体也容易失去前进的目标和动力。

二、做好心理调适

学前教育专业人才在其成长过程中难免会遇到挫折，要学会适当地对心理进行调适，并通过心理调适影响行为，让自己更加积极向上，成长和进步更加迅速。可以采用以下几种心理调适方法（图6-3）。

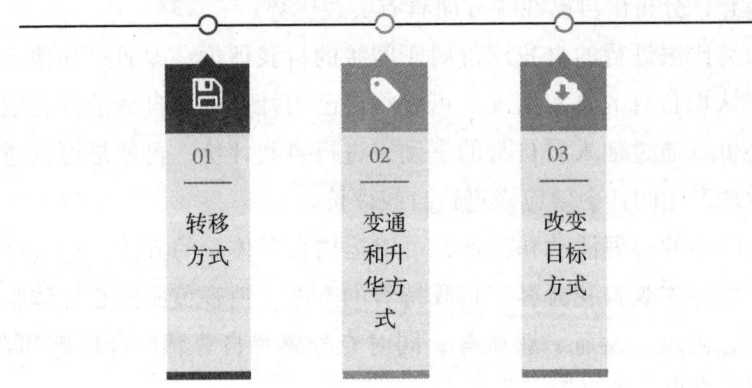

图 6-3 心理调适方法

（一）转移方式

转移方式主要有三种类型。

第一种是通过转移注意力的方式，对消极情绪和心理进行适当的回避，从而逐渐被个体所关注的积极情绪和积极心理取代。通常情况下，陷入心理困境或出现心理问题，主要是由一些外部因素刺激造成的。在这种情况下，可以将注意力从这些外部因素转移到其他新的兴奋点和刺激点等方面，比如，以兴趣和爱好的刺激点，如舒缓的音乐或体育活动等，替代原来的刺激点，激活新的兴奋中心，从而冲淡原本的刺激点，快速摆脱心理困境。

第二种是转移视角的方式，有时候外部刺激无法通过回避的方式进行淡化，这时就可以通过转移视角的方式，从其他角度去看待遇到的问题，事物往往并不只是具有消极影响，换一个角度也许就会看到其积极的影响。比如，面试过程中因遭遇问题陷阱而失败，如果只看到失败将会陷入消极的情绪中无法自拔，进而深陷心理困境；但若从另一个角度看，有时越早遭遇问题陷阱，就能够越早对其产生警惕，未来同类问题陷阱或许就不会再产生作用，自己获得了更快的成长，对自己的发展具有很强的积极效果。

第三种方式是转换认知形式，即重新对外部环境信息、内部因素等进行剖析和解释，相当于换一种认知形式对同样的问题进行思考和解释。通过这种方式，个体能够有效减少乃至消除心理认知和心理体验层面的冲突，从而缓解情绪和心理压力。同时这种转换认知形式的方式，也能够令个体对问题的观察和认识更加细致深入。

（二）变通和升华方式

变通和升华的方式，是指在遭遇心理问题之后并不对其进行转移或改变，而是通过变通缓解和升华促进的方式，使内心获取平衡和提升。

变通方式是指个体在职业生涯过程中遇到心理问题后，寻找一些较为客观的理由来为自己开脱，以起到减轻痛苦、缓解紧张、消除失落等效果，从而令内心情绪再次平衡和稳定。但变通方式只是一种应急式心理调适技巧，在心理情况得到缓解之后，个体还需要通过其他方式推动心理情况朝着积极的方向过渡，进而以积极的心理状态引导自身提升和发展。

升华方式主要针对的是消极心理固着之后的状态，通常引发这种状态的情形是个体在使用转移方式和变通方式无法奏效，心理问题长期无法解决时，消极心理在个体心理体系中产生了固化和固着。在这样的情况下，最有效的方法之一是进行心理位移，即个体将固着的消极心理进行升华，用一种高层次的积极心理将其替代，并再次进行固着，借以起到改变消极心理状态的效果。

常见的升华方式运用技巧是从消极事物中认识其蕴含的积极因素，如通常所说的"失败是成功之母""化悲痛为力量"等，都是将固着的消极心理升华为固着的积极心理，推动个体奋发图强，最终使个体实现以消极心理为踏板直接跃升到更高的层次。

（三）改变目标方式

改变目标的方式并不是一种从心理层面进行调适的技巧，而是指个体通过转移和改变近期目标的方式，借助行走路径的改变，摆脱消极的心理状态，从而实现积极进取地向长远目标前行的目的。

改变目标的方式主要有两种实现形式，一种是补偿形式，其通常的使用背景是个体因为存在内在因素的缺陷，包括专业能力和综合能力等，在其受到外在环境因素的影响时应对不当、处置不力，致使近期目标的实现动机受挫，其不仅无法得到激励，甚至还陷入心理困境。这时就需要个体替换原本的近期行动目标，通过对长远目标的分析和细化，将原本的近期行动目标更换为同样可以促使长远目标实现的另一个近期行动目标，以跳出心理困境重新出发。

另一种是求实形式，即个体通过分析实际情况，以契合实际特点的方式调整原本的目标，并同时根据实际情况调整自我，包括自我提升、自我激励，以及变换实现目标的途径和方法等。这种形式的目标调整不会是颠覆式的，而是类似于改良和优化的细微调整。此外，该形式以改变自我和调整自我为主要方法，通过改变自我，实现更加契合实际的目标，以便摆脱原本的心理困境。

三、学前教育专业人才职业心理意识的培养

学前教育专业人才职业心理意识的培养包括自我意识培养和职业意识素养培养两个方面。

（一）学前教育专业人才的自我意识培养

学前教育专业人才的自我意识是指该专业的教学人才在对其教学实践活动进行评价的过程中，形成的稳定的态度与信念综合体。

1.学前教育专业人才的自我意识

学前教育专业人才的自我意识是职业心理素质的重要构成部分。具有积极自我意识的学前教育教师对教学更有信心，其教学信念更明确、更稳定。相反，具有消极自我意识的学前教育教师，由于对自己教育教学能力和价值的不自信，常会因日常遭遇影响自己的教学情绪，造成其与同事、幼儿、幼儿家庭成员等对象的关系变得冷漠与疏远，也更加容易影响自身职业成就感的提升，从而致使个人教学活动成就受到影响。此外，学前教育教师的职业倦怠感与压力，也会随着积极情绪的调动过程而有所减少。归根结底，教师若能从积极乐观的视角出发，看待教学过程中出现的一系列问题，便能够较为轻松地适应各种环境，并由此产生一定的良性体验。

2.学前教育专业人才自我意识培养的策略

（1）正确认识自己。正确认识自己是个体接纳自我、完善自我的基础和前提，有利于个体对现在的自我进行调适，从而构建未来的自我。学前教育专业人才要学会观察和审视自己的内心，善于进行自我解剖和反省，深刻了解自己在性格、习惯、能力等方面存在的优缺点，针对自己在教育教学活动中的表现进行点评，以发现自己的长处和不足，从而有目的地进行自我调适和改正。

（2）合理规划自己的发展蓝图。个体合理规划自己的发展蓝图能够使自己明确以后的发展方向和奋斗目标，从而立足现实，一步步迈向成功。在对未来进行规划时，要制定切合实际的目标，待这种目标实现后，再向下一级目标努力。这一做法能够激发个体自我成长发展的信心和欲望，如此良性循环下去，学前教育专业人才在奋斗路上将得到源源不断的动力。

（3）培养良好的自控能力。所谓自我调控实质上是个体通过对自我的心理、行为进行调节与控制，实现自我目标的过程。通常来说，通过个体的外在行为表现优劣，观察者便能够看出个体是否拥有健康、积极向上的心理状态与自我意识。在自我调控过程中，人的意志品质发挥着至关重要的作用。学前教育专业人才在实现职业理想的道路上，一方面需要妥善应对来自日常生活的种种诱惑，另一方面又要对自己的欲望加以克制。一般来说，贪图享受、金钱至上、趋炎附势的欲望常常会令人违背理智。学前教育专业人才要想在专业道路上有所突破和发展，就必须能够善于抵制诱惑，学会控制和管理自己的情绪。情绪控制必须基于自我意识觉醒和自我激励行为，只有这样，才能使个体真正意义上摆脱各种焦虑不安的情绪，做到自我安慰。因此，个体要从根本上消除本位主义思想，促使人际沟通能力得到不断增强，通过悦纳自我、完善自我，实现尊重他人、关爱他人。教师若是仅仅从自我角度出发思考问题，会对自身的思想认知产生一定的束缚，从而影响自身的认知能力，阻碍自身从多维度展开思考，进而阻碍自己对世界产生全面客观的认知，以及自身职业的长远发展。多数具有良好自控能力的学前教育专业人才，能够比较正确地认识和处理主客观事物的关系。

（二）学前教育专业人才的职业意识素养

学前教育专业人才的职业意识素养是其从事教育实践的认识、情感、态度、意志等心理活动的综合体现，集中表现为学前教育教师的教育观和儿童观。

1.学前教育教师的教育观

作为学前教育教师，应建立正确的教育观。结合对学前教育的认识，正确的学前教育观至少包含如下两个方面。

（1）遵循幼儿身心发展规律，防止学前教育"小学化"倾向。学前教育是一种启蒙教育，目的在于启蒙，而并非教授幼儿一些小学才应学习的知识。这种学前教育"小学化"倾向是一种忽视幼儿身心发展规律的做法，也是一种舍本逐末的做法，不符合我国学前教育的要求。因此，正确的学前教育观应该是遵循幼儿的身心发展规律，保持幼儿学习的兴趣和好奇心，培养幼儿的情感、态度和品质，从而为幼儿的终身发展奠定基础。

（2）注重幼儿的全面发展和个性发展。现代教育强调人的全面发展，这一点笔者在前文也有提及。学前教育阶段虽然属于启蒙教育，但也需要教师秉承全面发展的教育观，注重实现幼儿德、智、体、美、劳的全面发展。与此同时，教师还需要正确看待幼儿存在的个性差异，因材施教，因势利导，从而实现幼儿的个性发展。

2.学前教育教师的儿童观

学前教育是围绕幼儿展开的，教师只有具备科学的儿童观，才能正确地看待幼儿。儿童观与教育观是相互联系、相互支撑、相互作用的，缺少任何一个都会影响学前教育教师的职业意识素养。笔者认为，正确的儿童观至少应包含三个方面：儿童特质观、儿童主体观和儿童权利观。

（1）儿童特质观。幼儿时期是个体综合素养形成的初始期，幼儿不同于中小学阶段的学生，更不同于成年人，而是有其自身的发展特点，以及独特的思维方式，作为学前教育教师，要深刻认识到这一点。

（2）儿童主体观。虽然幼儿的身心发展还不成熟，但幼儿的主体性是学前教育教师不能忽视的，教师应重视幼儿的主体性，并注重引导幼儿发挥自身的主体作用，从而为幼儿主体性的形成奠定基础。

（3）儿童权利观。幼儿的年龄虽小，但也享有一定的权利，包括生存、追求自身发展和接受教育的权利等，同时幼儿也享有与成年人对等的人格尊严权，教师应学会尊重幼儿的权利和尊严。

第三节　卓越教师背景下
学前教育专业人才形体礼仪素质培养

形体礼仪是一种无声的语言，是个体进行形象塑造的重要内容。卓越教师背景下，对学前教育专业人才要开展形体礼仪相关的素质培养。

一、关于形体的相关内容阐述

（一）形体的概念

形体一般指人身体的形态，它是人在先天遗传和后天影响的双重作用下所表现出来的身体形态上的相对稳定的特征。由此可见，通过后天的影响，可以塑造人的形体。因此，人们通过后天的形态训练，可使自身形体上的优点得到放大，不足得到改善，进而使自身的形体变得更加完美。

（二）形体的构成

人的形体主要由三个要素构成：一是外部形态的体型和体格，二是构成人体内部结构的骨骼、肌肉和脂肪，三是形体姿态。

1. 外部形态的体型和体格

（1）体型。体型指人身体各部位的比例，如上半身和下半身的比例。从外表来看，一个健全人的身体是由头部、躯干、四肢组成的，所以其头部、躯干、四肢的比例是否协调，在很大程度上影响着其体型的优美与否。此外，胸围、腰围等也是影响人体形态的重要因素。以女性为例，如果将女性身体各部位的比例进行量化，标准的体型数据如下。

①上下身比例：以肚脐为分界线，上半身和下半身的标准比例为 5∶8。

②胸围：由腋下沿胸部最丰满处进行测量，标准的胸围为身高的一半。

③腰围：腰围是指经脐部中心的水平围长，或肋部最低点与髂嵴上缘两水平线间中点的水平围长。标准的腰围应比胸围小 20 厘米。

④髋围：髋围是指体前耻骨平行于臀部最大部位的围长，标准的髋围比胸围大 4 厘米。

⑤大腿围：在大腿的最上部位，靠近臀线的位置进行测量，可得到人的大腿围，标准的大腿围比腰围小 10 厘米。

⑥小腿围：小腿围为小腿最丰满处的围长，标准的小腿围比腰围小 20 厘米。

⑦上臂围：上臂围是指肩关节与肘关节中点部位的围长，标准的上臂围为大腿围的一半。

⑧颈围：颈围是指颈中部最细处的围长，标准的颈围与小腿围一致。

⑨肩宽：肩宽是指两肩峰之间的距离，标准的肩宽比胸围的一半少 4 厘米。

（2）体格。体格指人体外表的形态结构，体现为人身体的整体指数，如身高、体重等。在前面论述人身体各部位的比例标准时，笔者针对身体各部位的指数也进行了简要的阐述，在此便不再赘述。

2. 构成人体内部结构的骨骼、肌肉和脂肪

（1）骨骼。人体骨骼是人体内坚硬的组织，起着支撑人身体的作用。骨骼是形成人身体形状的关键结构，通过矫正骨骼，可以改善人的身体形态。

（2）肌肉。人体肌肉约 639 块，包括平滑肌、心肌、骨骼肌等，主要由肌肉组织构成。肌肉的主要作用是牵引骨骼，从而产生关节运动。此外，它还是形成人身体形状的重要结构层，所以通过肌肉锻炼可以改善人的身体形态。

（3）脂肪。脂肪是人身体的重要组成部分和储能部分，存在于人体的皮下组织中。在上述人体内部结构中，脂肪对人身体形态的影响较为突出，也较为常见，所以人们应加强身体锻炼，注意饮食，使体脂率保持在正常的范围内。

3.形体姿态

形体姿态又称体态，是人动作、神态、气质、风貌的综合体现。优美的形体姿态，不仅能衬托、体现人的整体形态美，还能反映一个人良好的气质与精神风貌。在人际交往中，用优雅自然的形体姿态表情达意，有时比语言更让人感到真实和生动，因此，它也是展示人的内在美的一个窗口。

（三）形体美的阐释

人的形体美是指人体外在形态的协调、匀称，它是一种综合的整体美感，主要由五个要素构成。

1.对称

人形体的对称指左右对称，即以脊柱为中线，人的左半身和右半身要平衡发展。当然，这种对称是相对的，不是绝对的，因为人的左半身和右半身不可能完全实现绝对意义上的平衡发展。如果人身体存在的一些非对称性因素并不影响其形体美，或对其形体美的影响非常小，则可以忽视；如果影响较大，如存在高低肩、脊柱弯曲等情况，则需要加以矫正。

2.均衡

均衡指人身体各部位的构成符合一定的比例标准，如上肢、下肢与身高的比例，头与身高的比例符合标准等。一个均衡的形体能够给人一种"竖看直立、横看开阔"的感觉。

3.对比

人的形体要符合对比的规律，比如，男性和女性应能够体现阳刚之美和阴柔之美的对比。此外，人身体各部位也要在对比中能够呈现出一种协调的感觉，这一点是基于均衡的形体基础上实现的。

4.韵律

韵律主要体现在人"动"的行为中，即人在"动"的过程中，包括步行、跑步等有关"动"的行为，带有一种舒适的节奏感。

5.曲线

人形体的曲线美体现在人体外部呈现的线条上。对于男性和女性来说，其曲线美的内涵是存在差异的：男性的形体曲线整体来看应该是刚劲粗犷的，女性的形体曲线整体来看应该是纤细平滑的。

二、学前教育专业人才形体训练的开展

（一）形体训练相关阐述

1.形体训练的定义

所谓形体训练是指以人体科学理论为基础，借助各类肢体训练，促使人体自身的体质得以增强，起到塑造体型、改善体态、提高修养、陶冶情操的作用。从本质上看，形体训练是一种有组织、有计划、有目的的教育过程。这一教育过程可在一定程度上增强人的形体表现力，促使人的形体更加的匀称和协调。

2.学前教育专业人才形体训练的意义

对于学前教育专业人才来说，形态训练的目的除了提高身体灵活性、增强身体可塑性之外，还表现在四个"美"上，即体形美、动作美、姿态美和气质美。

（1）体形美。形体美表现为人身体的协调和匀称，身高和体重是影响体形美的两个重要因素，身高和体重之间的比例越是协调，人的体形表现就越美。此外，人身体上的一些细节表现也会影响人整体的形态美，而形态训练的目的之一就是改善这些细节，从而使教师的身体形态可以更加的匀称和协调。

（2）动作美。动作美指身体各部位在运动过程中呈现出来的外部形态美，准确、协调、轻松的动作具有较强的美感。学前教育专业人才形体训练的主要目的就是使其动作更加准确、协调和轻松，从而使其具有动作美。

（3）姿态美。姿态美是指人们在行、坐、立等动作中的身体姿态所呈现出来的美。学前教育专业人才形体训练的目的之一就是要矫正教师的错误姿势，从而使其具备姿态美。

（4）气质美。气质美是指人在举手投足间自然从容，或衣着打扮、言语

声调上给他人带来的一种美学享受或好感。气质美是人相对稳定的个性特征，不仅体现在外在上，还体现在内在上，所以在加强形体训练的同时，还需要注重对于学前教育专业人才道德素养、文化素养、美学素养的提升。

（二）基本姿态的训练

基本姿态的训练主要包括站姿训练、坐姿训练和步态训练三项内容。

1. 站姿训练

垂直站立，目视前方，挺胸、立腰、收腹、提胯，两肩放松下沉，双臂自然垂放置于体侧，双腿夹紧，脚跟并拢，脚尖分开 45°～60°。

2. 坐姿训练

（1）盘腿坐：上身挺直，挺胸收腹，头颈向上伸，两脚脚心相对，置于腹前，双臂放松，手腕搭于膝上。

（2）交叉盘坐：上身挺直，挺胸收腹，双腿交叉盘坐，两肩稍微下沉，双手背于体后。

（3）双跪坐：上身挺直，挺胸收腹，双腿并拢，跪坐于地上，两肩稍微下沉，双手背于体后。

（4）直膝伸坐：上身挺直，挺胸收腹，双腿并拢、伸直，脚尖稍微绷紧，两肩稍微下沉，双臂自然弯曲，垂于体侧。

3. 步态训练

良好的行走姿态可直接显现一个人的气质，但很多人都存在一些步态问题，如"外八字""内八字"、走路含胸驼背等，所以有必要针对学前教育教师进行步态训练。

正确的步态：上身挺直，颈部自然向上伸直，目视前方，迈动双腿时，双臂于体侧自然摆动。

（三）动作形态的训练

学前教育专业人才形体训练的基本动作主要包括手型、脚型和步法。

1.手型

（1）分掌：手自然伸直，五指分开。

（2）并掌：五指自然并拢，并拢后保持伸直。

（3）兰花指：大拇指和中指向内弯曲，相连，其余手指伸直展开，小指微微翘起。

（4）花掌：大拇指、食指、中指伸直，无名指和小指内扣。

（5）实心拳：除大拇指外，其余四指蜷缩成拳；大拇指内扣，贴于中指第二指节上。

（6）空心拳：基本姿势与实心拳相似，不同的是空心拳要求掌心中空。

2.脚型

（1）绷脚：脚腕伸直，脚尖向下压。

（2）勾脚：脚尖向上回勾，一直勾到最大限度。

3.步法

（1）一字步：双脚并拢，脚跟着地，向内收回双脚，写出一个小写的"1"字。

（2）A字步：双脚并拢，脚面着地，用双脚写出一个大写的"A"字母。

（3）V字步：双脚并拢，脚面着地，用双脚写出一个大写的"V"字母。

（4）踏步：两脚仅做交替踏动的动作而不迈步向前，在踏步时需注意膝关节的弹动缓冲。

（5）漫步：以四拍为一个完整的动作。第一拍时左脚向前迈一步，第二拍时左脚原地点地，第三拍时退回左脚，第四拍时左脚点地；换右脚进行相同动作。

（6）恰恰：以三拍为一个完整的动作。第一拍时左脚向前迈一步，第二拍和第三拍时左脚都原地点地，同时配合腰部动作，需注意动作的柔美；换右脚进行相同动作。

（7）小马跳：左脚向左跳出一步，同时右腿并左腿，点地一次；换右脚进行相同动作。

（8）开合跳：以两拍为一个完整动作。第一拍时跳起，双腿开立，膝关节微屈；第二拍时还原。

（9）交叉步：以四拍为一个完整的动作。第一拍时左脚向左迈一步，第二拍时右脚向左脚后方交叉，第三拍时左脚继续向左迈一步，第四拍时右脚并左脚点地。

（10）弹踢跳：以两拍为一个完整的动作。第一拍时左脚原地点地一次，右腿同时屈膝向后；第二拍时左脚再次原地点地一次，右腿同时向前弹踢一次。

（11）上步吸腿：以四拍为一个完整的动作。第一拍时左脚向前迈一步；第二拍时吸左腿，保持大腿与地面平行；第三拍时收左腿；第四拍还原。

（12）弹动：双膝并拢微屈，地有节奏的向下弹动。

（13）迈步后屈腿：以两拍为一个完整的动作。第一拍时左脚向左迈一步，膝关节同时微屈；第二拍时右腿朝后背，大小腿之间约呈 90°。

（四）身体各部位的训练

学前教育教师形态训练的部位主要包括头颈、肩膀、手臂、腰和腿。

1.头颈部训练

（1）前后屈：站立姿势，双腿分开，双手叉腰，头颈微微用力，慢慢向前屈，当颈后部肌肉拉伸至最大限度后，慢慢抬头，肩背下沉，头颈向后屈，直至最大限度，还原。

（2）左右侧屈：站立姿势，双腿分开，左手从头顶绕过，指尖抵住右侧太阳穴，然后左手稍微用力，将头向左侧牵引，颈部也稍微用力，抵抗左手的力量，停留数秒后，还原；换右手进行相同动作。

（3）转向：站立姿势，双腿分开，双手叉腰，水平转动头颈，先向左转动 90°，还原，然后再向右转动 90°，还原。

（4）环绕：站立姿势，双腿分开，双手叉腰，使头颈部从左向右水平转动 180°，再从右向左水平转动 180°。

上述动作重复 8～10 次。

2.肩部训练

（1）前后耸肩：肩关节一前一后移动，带动大臂，下身尽可能保持不动。

（2）提肩：用力向上提起肩关节。

（3）开肩：平举两臂，然后使双手互握于背后，肩部向后用力，拉伸双肩。

（4）水平拉伸三角肌：左臂向右经体前成侧平举，掌心向后，右手放在左臂上，有节奏地向后进行按压。

上述动作重复 10～12 次。

3. 手臂训练

（1）上举：两臂向上抬，使大臂与水平面垂直，掌心相对或向前。

（2）前平举上下翻掌：两臂向上抬，使整个胳膊与水平面垂直，掌心上下翻转。

（3）侧平举上下翻掌：两臂由各自的侧方向向上抬，使整个胳膊与水平面平行，掌心上下翻转。

（4）侧平举立掌绕环：两臂由各自的侧方向向上抬，使整个胳膊与水平面平行，手掌向上伸直，尽可能与胳膊呈 90°。

（5）提腕：单侧手臂向上抬，使整个胳膊与水平面平行，手掌打开，腕关节做向上提的动作。

（6）压腕：单侧手臂向上抬，使整个胳膊与水平面平行，手掌打开，腕关节做向下压的动作。

上述动作重复 10～12 次。

4. 腰部训练

（1）含胸与扩胸：双肩自然前后振动，幅度由小到大。

（2）下压腰：双腿开立，弯腰向前下压身体，直至手指触地。

（3）侧压腰：双脚开立，两臂自然于体侧下垂。左手叉腰，右臂上举，上身向左侧倾；左右交替进行。

（4）手握脚踝深蹲：身体下蹲，两腿尽量呈现笔直细条，双手握住脚踝，上身前倾。

（5）双臂上举体侧：双脚开立，双臂自然于体侧下垂，然后双臂上举，双手十指相扣握紧，上身向左侧倾倒；左右交替进行。

上述动作重复 10～12 次。

5. 腿部训练

（1）擦地：两臂展开，双脚并拢，一只脚以擦地的形式向前移动，移动距离以身体不失去平衡为宜。

（2）控腿：两臂展开，一只脚站立，另一只脚向前抬起，抬至最高点停住，停留 10 ～ 15 秒。

（3）前压腿：身体直立，一条腿向前弯曲，呈弓步，髋关节小幅度向下压；重复 4 次，左右腿交替进行。

（4）侧压腿：身体直立，一条腿向侧方伸出，另一条腿弯曲，髋关节小幅度向下压；重复 4 次，左右腿交替进行。

（5）提踵：将身体向上提，脚后跟离地，同时手臂抬起，由侧平举向上摆成上举。

（6）退步的绕环：一只脚支撑着身体，另一只脚抬起，由侧踢腿向内或向外做绕环的动作。

上述动作重复 10 ～ 12 次。

三、学前教育专业人才形体训练中的注意事项

在进行形体训练时，需要注意如下几项事宜。

（一）训练前的准备活动

在形体训练开始之前，人们应做好准备活动。在做准备活动时，应注意如下几点。

（1）准备活动的强度应逐渐递增，由弱到强。当然，准备活动的目的是热身，所以强度不能太大。

（2）准备活动的时间以 10 分钟左右为宜。当然，可根据季节和自我感觉进行调节。比如，夏季准备活动的时间可以稍短，冬季准备活动的时间可以稍长。

（3）在做准备活动时，以感觉到四肢关节灵活、全身发暖、身体轻松有力为参考标准。训练者出现上述感觉后，说明准备活动已经比较充分，便可以开始进行形体训练了。

（二）训练后的整理活动

在形体训练结束后，还应该做一些整理活动。在做整理活动时，应注意如下几点。

（1）先慢跑，然后做全身性的肌肉放松运动。

（2）整理活动的强度不能太大，以不超过形体训练活动强度的50%为宜。

（3）整理活动应包含有氧呼吸运动，这样不仅可以锻炼心肺，还可以起到调节神经系统的作用。

（三）训练时间的合理安排

形体训练时间的安排是影响训练效果的一个重要因素，所以要合理安排训练的时间。

（1）训练的时间以下午4～6时为宜。

（2）如果在饭前进行训练，应在锻炼结束30分钟后再进食；如果运动量较大，则需要将时间延长到45分钟。

（3）如果在饭后进行训练，则需要在进食后休息1～2个小时，再开始训练。

（4）如果选择在晚间进行训练，则适宜将时间安排在临睡前1～2小时。

此外，在训练期间，应注意蛋白质、脂肪、糖、维生素、无机盐、水分的补充，同时避免训练后的暴饮暴食。

四、关于礼仪的相关内容阐述

（一）礼仪的含义、构成与分类

1.礼仪的含义

礼仪是人们在社会交往活动中形成的行为规范和准则，是人们为维系社会正常生活而共同遵守的基本道德规范，其实质是人们在一种利己的交换行为的基础上，表现出的对他人的尊重。[1] 如果对礼仪的含义进行剖析，可将其分解为礼貌、一般性礼节和仪式等子概念。

礼貌是人们在相互交往过程中通过语言、仪容、仪态等表示友好和敬重的行为规范，如规范使用称谓语、微笑、主动打招呼、表示歉意、道谢等。

---

[1] 安徽，徐晓沄.商务礼仪探源 [J].北京市经济管理干部学院学报,2006(3):37-40.

一般性礼节是指在比较正式的交际场合，人们相互祝颂、问候、致意、哀悼、慰问以及给予必要协助和照料的形式，如介绍、握手、拥抱、馈赠礼物等。

仪式是指具有专门规定的程序化规则的活动，是一种隆重的礼节，如签字仪式、颁奖仪式、迎送仪式、开幕式、升旗仪式、奠基仪式等。

礼貌是礼仪的基础，体现一个人的品质和素养；礼节是礼貌的升华，是礼仪的主要组成部分；仪式是礼貌的高级表达形式，体现礼仪制度的秩序规范。礼仪作为一种社会文化和文明的象征，能够促进人际关系的建立，有助于人们的社会交往实现良性发展。

2. 礼仪的构成

礼仪主要由四个要素构成——礼仪的主体、礼仪的客体、礼仪的媒体、礼仪的环境。礼仪的主体指礼仪活动的实施者和操作者；礼仪的客体指礼仪活动的指向者和承载者；礼仪的媒体指实施礼仪活动所依托的媒介；礼仪的环境指礼仪活动得以形成的特定的时空条件。上述四个要素紧密联系，缺一不可。

3. 礼仪的分类

依据笔者上文提及的礼仪构成的四个要素，礼仪可被类型化为政务礼仪、社交礼仪、商务礼仪、公关礼仪、日常礼仪、服务礼仪、涉外礼仪和节庆礼仪等。

（1）政务礼仪。政务礼仪通常指国家公职人员在行使其管理职能时应遵守和使用的礼仪。

（2）社交礼仪。社交礼仪通常指人们在社会交往活动中应遵守和使用的礼仪。

（3）商务礼仪。商务礼仪通常指个体在从事商业活动时应遵守和使用的礼仪。

（4）公关礼仪。公关礼仪通常指公关人员或其他人员在公关活动中为树立和维护组织的良好形象、构建组织和内外公众之间的和谐关系，而应当遵守和使用的礼仪。

（5）日常礼仪。日常礼仪通常指个体在日常生活中应遵守和使用的礼仪。

（6）服务礼仪。服务礼仪通常指服务行业的从业人员在行使其岗位职责时应遵守和使用的礼仪。

（7）涉外礼仪。涉外礼仪通常指我国公民与外国友人打交道时应遵守和使用的礼仪。

（8）节庆礼仪。节庆礼仪通常指在节日与其他庆典活动时，人们应遵守和使用的礼仪。

（二）礼仪的特点

礼仪主要具备普遍性、差异性、继承性、时代性等几个方面的特点（图6-4）。

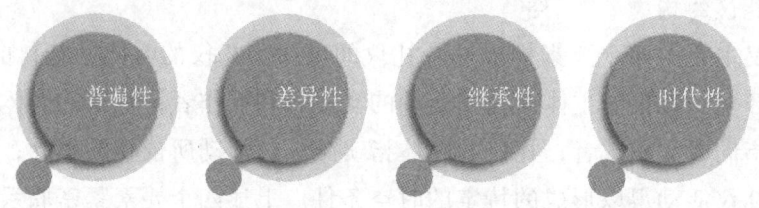

图6-4　礼仪的特点

1.普遍性

礼仪并不是中国人所独有的，通常而言，凡是有人类生活的地方，便存在着各种各样的礼仪规范，这是礼仪普遍性的一种体现。此外，礼仪也渗透到了社会的方方面面，大到一个国家的政治、经济和文化，小到个人的日常生活，礼仪规范都普遍存在。

2.差异性

俗话说："百里不同风，千里不同俗"。不同的地域，由于人们的文化背景不同，产生的礼仪也可能存在一定的差异。比如，不同的地区，见面问候礼的形式很有可能大不一样，有些地区是握手，有些地区是拥抱，有些地区是双手合十，有些地区是脱帽点头……尽管礼仪的形式可能存在差异，但其本质意义是相同的。

3.继承性

人类的礼仪文化源远流长，而在礼仪文化发展的过程中，人类不断地取其精华、去其糟粕。比如，"温良恭俭让""尊老爱幼"等礼仪被继承下来，而一些与封建迷信相关的礼仪风俗则被剔除。当然，在继承传统礼仪的过程中，人类也在不断发展新的礼仪规范。因此，人类对礼仪的继承并不是盲目性的，而是有选择性的，并且礼仪也会在人类继承传统的基础上，不断得到创新和发展。

4. 时代性

从某种意义上来说，礼仪属于文化的范畴，这使得礼仪具有浓重的时代特色。其实，文化范畴之外的很多事物也具有时代的烙印，只是时代对文化的冲击力是巨大的，所以文化范畴下的内容所具有的时代性特征往往更为明显。以见面礼为例，在古代，作揖（行礼时，双手互握合于胸前，一般为男性的右手握拳在内，左手在外）是常见的见面礼，而现代的见面礼则换成了握手、打招呼等方式，这便是时代赋予的特色。

（三）礼仪的功能

礼仪在人们的日常生活和工作中扮演着非常重要的角色，发挥着非常重要的功能。具体而言，其功能主要包括教育功能、维护功能、塑造功能和沟通功能等四项。

1. 教育功能

礼仪的教育功能可以从其对人的直接影响和间接影响两方面去分析。从其对人产生直接影响的方面去看，通过教导人们遵守礼仪，可以让人们认识那些言行是正确的，那些言行是错误的，这本身就是礼仪教育功能的直接体现；从礼仪对人产生间接影响的方面去看，讲究礼仪的行为可以起到示范作用，从而可以潜移默化地影响周边的人，起到教育他人的作用。

2. 维护功能

礼仪已经渗透到人类社会的方方面面，其对人类的影响是非常广泛的。这种广泛性决定礼仪在维护社会秩序上能够发挥一定的功能作用。当然，影响广泛仅仅是一个基础特性，礼仪作为一种社会行为规范，同时还具有很强的约束力，这种约束力加上其广泛性的特点，使得礼仪成了维护社会秩序的一种不可或缺的要素。

3. 塑造功能

礼仪的塑造功能体现在其对个体外在美和内在美的塑造上。礼仪的行为美学指导人们不断完善自身的言行，这对于个体外在美的塑造具有非常积极的作用。的确，一个谈吐文明、举止得体的人，其精神风貌也往往是良好的。

同时，这种外在美的塑造会对个体内在美产生潜移默化的影响，所以礼仪对个体内在美的塑造也能够起到一定的促进作用。

4.沟通功能

礼仪的沟通功能体现在其所蕴含的信息上。身体语言也是人类沟通的一个重要渠道，而日常的一般性礼节以及礼貌举动作为身体语言，也蕴含着一定的信息。比如，人际交往双方见面时，握手和打招呼，都传递出尊重和友好的信息。因此，在人际交往中，交往的双方都需要遵守礼仪的规范，这样才能准确地传达出友好的信息，人际交往才能够更加顺利地进行。

五、学前教育专业人才礼仪训练

学前教育专业人才礼仪是基于学前教育教师这一角色要求而形成的礼仪。无论是在教学中，还是在日常的社会交往中，作为学前教育教师，都需要遵守一定的礼仪，所以针对学前教育专业人才进行相关的礼仪训练是非常必要的。具体而言，学前教育专业人才礼仪训练主要包括三个方面：仪态礼仪训练、教学礼仪训练和社交礼仪训练。其中，每个方面又可以做进一步的细分。

（一）仪态礼仪训练

仪态礼仪训练包括站姿的训练、坐姿的训练、走姿的训练、蹲姿的训练、手势训练、目光礼仪训练和微笑礼仪训练等七项内容。在上述七项内容中，有些内容和前述形体训练的内容存在重叠，但由于训练的指向是不同的（一个指向形体，一个指向礼仪），所以在具体的训练中也存在一定的差异，这一点需要我们加以认识和把握。

1.站姿的训练

站姿在一定程度上反映了学前教育工作者的精神面貌。良好的站姿能够提升其对幼儿的感召力，也能够给人以积极向上、舒展大方的印象。对于学前教育专业人才来说，站姿的基本要求可以概括为五个要点：挺直、灵活、稳重、自然、舒展。站姿训练的具体要求如下。

（1）躯干挺直，双腿分开，身体重心位于两腿中央，挺胸、收腹、立腰。

（2）抬头正视前方，嘴唇微闭，面带微笑，表情自然平和。

（3）两肩放松，稍微下沉，给人一种舒展、不拘谨的感觉。

（4）双臂自然下垂，置于身体两侧。

在训练时，可以站在镜子前，方便检查自己的站姿，也可以和同学相对而立，相互纠正。

此外，在训练站姿时，有如下几项事项需要注意。

（1）站姿要稳，切忌全身抖动，或腿部抖动，身体不能左右摇晃。

（2）在站立时，教师不能仅将身体位置固定在一点上，应适当移动位置，这样可以显得更加自然。

（3）在站立时，切忌双手抱于胸前或背在身后，这样会给幼儿一种傲慢的感觉。

（4）在站立时，双腿不可叉开过大，双脚不可随意乱动。

（5）在站立时，不可倚靠在墙上或门上，这些动作显得不够端正。

2.坐姿的训练

坐姿是学前教育工作者在教学或与幼儿交流时经常采用的姿势，如果学前教育工作者坐姿不正确、不规范，不仅会使其精神状态看起来较差，而且还容易导致其出现腰酸背痛等健康问题。因此，针对学前教育人才开展坐姿训练非常有必要。坐姿训练总体而言可以归结为四个基本要求：稳重、自然、大方、挺直。学前教育专业人才坐姿训练的具体要求如下。

（1）抬头目视前方，不要出现歪头、仰头、低头的情况。

（2）保持上半身挺直，颈、胸、腰保持平直，不要倚靠椅背。

（3）小腿与地面保持垂直，或稍向内收，切忌将腿部向外伸出，以免影响他人行走。

（4）如果身前有桌子，将双臂放在桌子上；如果身前没有桌子，将双臂分别放在双腿上，双手各扶一条大腿。

此外，在训练坐姿时，有如下几项事项需要注意。

（1）就座时，占用椅子的面积以椅面的三分之二为宜，不要坐满椅面。

（2）双腿不可叉开过大，包括大腿和小腿，身穿裙装的教师尤其要注意这一点。

（3）切忌左右摇晃或上下抖动双腿，会给人不安稳的印象。

（4）双脚不可踩踏物品，应放在地面上。

（5）不可用手触摸脚部，这样既不雅观，也不卫生。

（6）除休息外，不可倚靠椅背，更不可跷起二郎腿，会给人不礼貌的印象。

（7）如果要与他人交谈，应面向对方，并且应该使整个上半身都朝向对方。

3. 走姿的训练

在开展教育活动的过程中，学前教育教师常常需要走动，这就要求其要有良好的走姿。因此，针对学前教育专业人才的走姿进行训练也非常有必要。关于学前教育专业人才走姿的基本要求，男性为稳重、有力、大方，女性为自如、落落大方、轻柔。学前教育专业人才培养过程中的走姿训练具体要求如下。

（1）保持上身挺直，挺胸收腹，头正颈直，双眼目视前方，面带微笑。

（2）双肩平稳，双臂自然摆动，摆动幅度不能过大，也不能过小。

（3）步伐速度应适中，不宜过快，会给人轻浮、急躁之感；也不能过慢，会给人拖沓、无力之感。当然，也应当根据场合调整自己的步伐速度。比如，当组织一些欢快的活动时，教师的步伐可适当加快。

（4）出脚和落脚时，双脚指向应和前进的方向近乎归于一条直线，可稍微向外，但切忌出现"外八字"和"内八字"的情况。

在训练时，可以站在镜子前面行走，方便检查自己的走姿，也可以和同学相对而行，相互纠正。

此外，在训练走姿时，有如下几项事项需要注意。

（1）不可弯腰驼背，如果感觉累了，可以坐下适当休息。

（2）不可面无表情，在行走的时候应始终面带微笑，给幼儿以亲切感。

（3）不可东张西望，不然会给人不稳重之感，也容易分散幼儿的注意力。

4. 蹲姿的训练

在开展教育活动的过程中，学前教育工作者有时需要蹲下来和幼儿进行交流，以便带给幼儿平等、尊重和亲切的感觉。因此，针对学前教育专业人才的蹲姿进行训练也非常有必要。关于学前教育专业人才蹲姿的基本要求，可概括为三个要点：自然、得体、大方。蹲姿的具体训练要求如下。

（1）下蹲时，保持上身的挺直，一脚在前，一脚在后，前脚脚掌全部着地，后脚前脚掌着地。

（2）保持下蹲姿势时，上身继续保持挺直，女教师应尽量双腿靠拢，男教师可适度双腿分开。

（3）头正颈直，或头稍微下低，面向幼儿，面带微笑。

（4）双手交叠放在膝盖上。

在训练时，可以蹲在镜子前，方便检查自己的蹲姿，也可以和同学面对面蹲下，相互纠正。

此外，在训练蹲姿时，有如下几项事项需要注意。

（1）不可双腿展开直接蹲下，姿势不优雅。

（2）女教师不可穿过短的裙装，衣领也不可过低，不方便下蹲。

（3）下蹲时应与幼儿保持适当的距离，距离过远，会降低亲切感，也不容易让幼儿感受来自教师的关注；距离过近，容易给幼儿造成心理压力。

5.手势礼仪训练

手势是一种身体语言，也是一种比较复杂的符号，能够传达一定的含义。对于学前教育工作者来说，正确使用手势礼仪不仅可以表现自身的修养和风度，还可以有效传递信息。关于手势礼仪的基本要求，可概括为五个要点：简约明快、雅观自然、协调一致、自然亲切、适时适度。根据学前教育专业人才培养中的手势作用，可将其大致概括为四种类型。

（1）指示手势，指示具体对象的手势。

（2）形象手势，用来模拟事物形态的手势。

（3）象征手势，用来表示抽象意念的手势。

（4）情意手势，用来传递情感的手势。

学前教育工作者常用的手势有垂放、鼓掌、夸赞和指示等。其中，垂放有两种训练方式。一种是双手伸直下垂，掌心向内，分别贴放于大腿的两侧。另一种是双手自然下垂，然后将手抬起，掌心向内，叠放在腹前。鼓掌有欢迎、支持和祝贺的作用。训练时，右手掌心向下，左手掌心向上，有节奏地相互拍击。无论是处于坐着的状态，还是站立的状态，鼓掌时都应保持身体的挺直。教师常用的夸赞手势是竖起大拇指。训练时，伸出右手，除大拇指外，其余四指紧握，竖起大拇指，指尖向上，指腹面向被夸赞者。指示是将左手或右手抬至一定高度，五指并拢，掌心向内，指尖指向需要指示的方向或内容。在学前教育专业人才培养中，可以围绕上述几种手势进行训练。

在训练时，可以站在镜子前，方便检查自己的手势，也可以和同学面对面使用手势，相互纠正。

此外，在训练手势礼仪时，有如下几项事项需要注意。

（1）不可当众用手掏耳朵、剔牙、挖鼻孔、搔头皮、咬指甲，这些动作不仅不雅观，而且有失教师的威仪。

（2）不可用手指指点他人，这是不礼貌的行为，同时也含有教训人的意味。

（3）与幼儿或他人交谈时，不可指手画脚，手势动作幅度也不能过大。

（4）在使用指示手势时，不可只伸出一个或两个手指，而是要将手指并拢，全部伸出。

6. 目光礼仪的训练

眼睛是心灵的窗户，学前教育工作者要充分利用好这扇"窗户"，向幼儿传递一些重要的信息，并表达自己对幼儿的鼓励和关爱。对于学前教育专业人才培养来说，目光的使用礼仪也是一个非常重要的学习内容，所以有必要针对学前教育专业人才开展目光礼仪的训练。在进行目光礼仪训练时，可以同学之间展开合作，即请其他同学扮演受教育对象（幼儿）。具体要求如下。

（1）注视幼儿时，面部应带有微笑，切忌面无表情。

（2）注视幼儿时，应将视线放在幼儿眼睛和嘴巴形成的"三角区"，注视的时间不宜过长，也不宜过短，以交谈时长的 30% ～ 60% 为宜。

（3）在注视幼儿时，眼珠应稍微转动，切忌转动过快或过慢。过快容易给人留下不庄重的感觉，也显得不真诚；过慢则显得缺乏生气。

（4）可通过镜子感受责怪、漠视等目光，加深对这些目光的认识，避免在教学过程中使用这些类型的目光。

此外，在进行目光礼仪训练时，有如下几项事项需要注意。

（1）斜视：这是一种鄙夷的目光，是对幼儿不尊重的体现。

（2）瞪眼：人们常常用瞪眼表示自己的愤怒或不满，这种目光容易让幼儿产生畏惧心理或敌意。

（3）眯眼：眯眼会让他人产生一种自己对他人不怀好意的感觉，或者让他人产生自己困倦的感觉。

（4）盯：盯人是一种不礼貌的行为，也容易给幼儿造成心理压力。

7. 微笑礼仪的训练

微笑是极具魅力的身体语言，它既可以表示人的愉悦，也可以表示对他人的赞美和友好。对于幼儿来说，教师的微笑是鼓励，是赞美，是欣赏，是关心，所以学前教育专业人才需要学会正确地使用微笑，这就要求专业院校要对学前教育专业人才展开微笑礼仪的训练。在训练微笑礼仪时，训练者可以先对着镜子练习，然后再请其他同学帮忙指出问题，予以纠正。具体要求如下。

（1）放松面部肌肉，嘴角微微翘起，使嘴唇呈弧形，或不漏出牙齿，或者露出 6 ～ 8 颗牙齿，保持 10 ～ 15 秒。

（2）借助筷子辅助训练：用门牙轻轻咬住筷子，将嘴角对准筷子，然后两边嘴角微微翘起，保持这个状态 10 ～ 15 秒。而后在第一状态基础上，轻轻地拔出筷子，维持这个状态 10 ～ 15 秒。

（3）在训练口型时，还需要注意与面部其他部位的配合，尤其注意和眼睛的配合，眼神要充满笑意。

此外，在训练微笑礼仪时，有如下几项事项需要注意。

（1）笑容要真诚，切忌假笑。

（2）笑容以微笑为主，除特殊场合外，不要大笑，既不要发出太大的笑声，也不要露出太多的牙齿。

（3）在对待同事、上级、幼儿家长、幼儿时，微笑应具有一致性。

需要注意的是，仪态礼仪训练目的是让学前教育专业人才在教学或日常与他人交往的过程中，能够保持较好的仪态礼仪形象，这样可以更好地为幼儿做出榜样，同时也可以更好地展示教师的形象。要结合具体情况进行灵活的变动，这样才能使仪态礼仪更加自然。

（二）教学礼仪训练

学前教育专业人才教学礼仪训练主要包括组织教学礼仪训练和课堂语言礼仪训练两项内容。

1. 组织教学礼仪训练

组织教学是课堂教学中的重要环节，教师科学高效地组织教学可以提高教学的效率。在组织教学时，有一些礼仪规范是需要学前教育专业人才特别注意的，所以有必要针对学前教育专业人才进行一定的组织教学礼仪训练，训练内容主要包括上课开始时组织教学礼仪的训练、教学活动开展过程中组织教学礼仪的训练以及下课时组织教学礼仪的训练。

（1）上课开始时组织教学礼仪的训练。上课开始时，学前教育教师应自然、从容地走进教室，与幼儿之间相互行礼并进行问好，这是学前教育教学活动组织中的必要环节，也是师生相互尊重、讲礼貌重礼节的体现。学前教育教师上课开始时使用规范的组织教学礼仪，能够使幼儿做好参与课堂教学活动的准备，并以饱满、愉快的情绪投入课堂之中。

（2）教学活动开展过程中组织教学礼仪的训练。组织教学礼仪不仅仅体现在上课开始时的短短几分钟，而是贯穿于整个课程教学的全过程。在教学活动开展过程中，学前教育教师要善于利用目光、表情、手势等身体语言符号，当个别幼儿不遵守课堂秩序，影响教学活动正常开展的时候，可以通过这些身体语言符号进行暗示和警告。

（3）下课时组织教学礼仪的训练。下课的时候，学前教育教师要以愉快的语气与幼儿礼貌道别，不能表现匆忙，只顾埋头收拾自己的物品，这样是不符合教学礼仪要求的。应目光直视学生，宣布下课，道别后离开课堂。

2. 课堂语言礼仪训练

语言是传递信息的符号系统，学前教育教师无论是在组织课堂教学活动时，还是与幼儿进行交流时，都会用到语言。作为学前教育教师，需要遵守课堂语言礼仪，做到用语礼貌，同时达到语言准确、形象、生动和具有感染性的基本要求。

课堂语言礼仪的训练主要包括语言用词和语调两个方面。在进行课堂语言礼仪训练时，学前教育专业学生应将环境模拟成课堂，或者直接在真实的课堂环境中进行，然后请其他同学扮演幼儿，在训练结束后，同学指出训练者在语言用词礼仪上存在的问题。

（1）语言用词方面的礼仪训练。学前教育教师语言用词方面的礼仪训练可分为讲课和互动两种情况，所以在训练时主要模拟上述两种场景。

①讲课时，多使用礼貌用语，训练语言表达的平和，语速适中，语气亲切。

②互动时，训练如何营造宽松、活跃的氛围，多使用鼓励性语言，当需要叫到某个幼儿时，需要使用敬语，如"请某某来发表他的看法"或"请某某来为大家表演"。

（2）语调方面的礼仪训练。语调作为语言的辅助性特征，也能够传递一定的信息，所以学前教育专业学生还需要针对自身的语调进行训练。语调方面的训练可以从三个方面着手：呼吸、发音和音量。

①呼吸训练。呼吸是影响发声的一个重要因素，所以训练者首先需要进行呼吸训练。呼吸训练以腹式呼吸为标准，训练方法为：身体站直，将双手轻轻放在腹部，从鼻子吸气，手能感觉到肚子膨胀，从嘴巴吐气，手感觉到肚子消下去。练习的时候将上述动作重复数次，坚持练习，直到养成习惯。

②发音训练。对着镜子练习"a、o、e、i、u、ü"等基本音的发音，训练时注意口型，确保发音清晰，脸部保持微笑。

③音量训练。音量以能使距离自己3米远的人听清为宜，可以和其他同学一起训练。

（三）社交礼仪训练

此处所强调的社交主要指学前教育专业人才未来作为学前教育教师在教育教学场所（以幼儿园为例）中的社交，主要包括教师与幼儿家长的交往以及与同事的交往，所以针对学前教育专业人才社交礼仪的训练也主要围绕这两个方面展开。

1.与幼儿家长交往礼仪的训练

教师与幼儿家长的交往主要有两种情况：一种是日常的沟通；另一种是召开家长座谈会。无论哪种情况，在与幼儿家长进行交往时，教师都需要注意其行为和语言的礼仪性，这也是学前教育教师与幼儿家长交往礼仪训练的两项主要内容。

其中，行为方面的交往礼仪训练可从如下几方面着手。

（1）衣着整洁，举止文雅，以此表示对幼儿家长的尊重。

（2）谦逊宽容，认真倾听，做幼儿家长真诚的建议者。

（3）平等对待每一位家长，不卑不亢。

（4）遵时守约，迎送有节。

与此同时，语言方面的交往礼仪训练可从如下几方面着手。

（1）文明用语，发音清晰，让幼儿家长能够听清教师说的内容。

（2）多使用敬语，并注意语调使用的正确。

（3）来有迎声，问有答声，去有送声，语言礼貌周全。

在训练时，可以站在镜子前，方便检查自己言行举止是否得宜，也可以和同学之间进行合作，相互纠正。

2. 与同事交往礼仪的训练

学前教育教学活动不仅是单个教师的个人劳动，还是教师群体的集体劳动。在从事教育教学活动的过程中，作为一名教师，常常会和其他教师产生交集，而在与其他教师交往的过程中，需要遵守一定的礼仪，所以有必要针对学前教育专业人才进行与同事间交往礼仪的训练，使其更加胜任以幼儿园教师等职业身份展开的同事交往。具体可以从如下几方面着手。

（1）以礼相待，真诚待人。

（2）尊重同仁，换位思考。

（3）保持距离，亲密有度。

（4）坦诚相待，将心比心。

（5）言谈得体，不议是非。

（6）托事道请，得助致谢。

（7）不可张狂，谦虚谨慎。

（8）避免争吵，求同存异。

（9）克己利人，友好相处。

第七章 赋能·卓越教师背景下学前教育专业人才实践能力培养

第一节 卓越教师背景下学前教育专业人才实践能力培养概述

卓越教师背景下，实践能力是学前教育专业人才的核心竞争力。提高学前教育专业人才的核心竞争力，不仅是关系每位专业学子今后个人发展的事情，而且是关系百年大业兴衰成败的大事。

一、学前教育专业人才实践能力的相关概念

要想厘清学前教育专业人才实践能力这一概念，需要对能力和实践能力等相关概念做进一步的阐释。

（一）能力的概念阐释

关于能力这一概念，心理学上将其界定为人顺利完成某种活动所必须具备的一些心理特征。当然，心理层面关于能力这一概念的界定并不能代表能力所蕴藏的全部含义，因为在现实生活中，能力不仅仅体现在心理层面，甚至还可以被界定为完成一切活动所需具备的本领。虽然不同学者针对能力的看法不同，但综合来看，对能力这一概念的界定都包含如下几个方面。

第一，能力既包含生理素质，也包含心理素质，它是一种综合性的体现。

第二，能力能够通过教育培养，尤其在社会实践中培养和发展得更快。

第三，人通常具有多种能力，而且能力具有互补性，不同的能力可以相互补充、相互促进。

第四，能力能够反映一个人的个性特征，且个体的能力越强，其对个性特征的反映越明显。

（二）实践能力的概念阐释

实践能力是一个人能力的组成部分，它主要指向人的实践活动。关于实践能力这一概念的界定，从不同的视角出发也有不同的解释。比如，从词源学的角度出发，所谓实践能力是指主体自觉地、带有一定目的性地对客体加以改造的能力。其中，客体指的是主体认识与改造的对象；主体就是进行认识与改造活动的个体，具有一定的积极性与主动性。又如，从个体的生理和心理这一角度出发，所谓实践能力从本质上看是个体生理与心理特征的总和，具体表现为能够在个体解决问题的过程中以及解决问题的方式上发挥稳定调控作用的能力素养。基于多角度对实践能力的解读，可以将实践能力界定为：个体运用已有知识、技能去解决实际问题的能力。

（三）学前教育专业人才实践能力阐释

学前教育专业人才实践能力指的是个人在面对和处理学前教育教学实践中出现的问题时所积累的个人经验及所体现的个人智慧。学前教育专业人才实践能力与学前教育教师的专业能力虽然均指向职业能力方向，但是两者有着明显的区别。学前教育专业人才实践能力受个人的行为方式、处事风格、实践经历的影响比较大，其体现的是个人面对各种教育情境所表现出来的应对能力。需要特别强调的是，学前教育专业人才的实践能力产生过程主要是在特定的教育教学情境中，在其与其他学前教育工作者、幼儿、家长的对话过程中逐步形成的，而非仅是将固有的、具有一定普及性的原理或规则应用于实践后产生的。也可以理解为学前教育专业人才在实践教学活动中，需要借助教学智慧来应对复杂多变的教学情境，对于那些预设的或者非预设的问题，需要采取适宜的态度、行为和语言。

二、学前教育专业人才实践能力培养的重要意义

《专业标准》的颁布对学前教育专业人才的实践能力提出了更高的要求，它要求学前教育专业人才能够把基础知识、实践经验进行有效整合、升华，从而形成自己的实践能力。学前教育专业人才实践能力培养具有重要意义，包括其是帮助幼儿成长发展的有效保障，是促进教师专业发展的主要内容等。

（一）帮助幼儿成长发展的有效保障

学前教育专业人才作为未来的学前教育教师，其实践能力的培养过程有利于加深其对幼儿的认知，为其认知活动提供有效支撑，使其增长包括认知活动目标、策略等方面在内的知识，起到重要的引导和督促作用。此外，学前教育教师是幼儿重要的情感依恋对象，在与幼儿的日常相处中，教师在幼儿的情感世界中具有举足轻重的地位，因此，学前教育教师对幼儿情感、态度、价值观的形成和变化具有重要影响。学前教育教师能够运用自己的实践能力，发挥自己的实践智慧，在幼儿面对复杂环境和是非困惑时，能够帮助幼儿做出正确的抉择，并且督促幼儿形成自己特有的个性与行为方式。在这一过程中，学前教育教师应当不断审视与反思自身的言行，对自己的教学过程进行复盘，从而有效提高自身的教学质量与教学效率，帮助幼儿树立正确的价值观，最大限度地促进和保障幼儿的健康成长。

（二）促进学前教育教师专业发展的主要内容

学前教育专业人才对教学技能的学习，以及其对教师职业的角色期待与规范不断深化理解的社会化过程，被称之为教师专业发展的主要内容，同时这一过程也被视为教育实践能力形成的过程。作为学前教育教师必须具备良好的专业知识素养，与此同时，还应具备能够促使教学实践经验与能力得到不断提升和丰富的实践素养。只有拥有丰富的实践经验后，才能更加全面客观地从整体对问题加以把握，并能够对教学实践活动中的多种可能性进行洞察，从而在第一时间找出问题的解决方案。学前教育专业人才只有投身教学实践，不断锻炼，才能获得实践能力的提升，从而能够在教学活动的组织、教学技能的运用等方面应对自如，对学前教育教学活动的认知和行为逐渐达

到自动化的水平，并形成较为完善的自我监护和调节机制。此外，实践能力具有明显的缄默知识的特性，其虽然不能用语言符号准确表达，但其在教育教学实践活动中可以得到充分展现。通常来说，教学经验丰富的教师在教学过程中能够轻松实现多种教学方式的相互转化，而其他教师在观摩教学的过程中，也能够学习针对不同问题而采取的差异化解决方案，从而促使自己的教学经验得到丰富。

实践能力的不断优化，一方面可以促进学前教育教师自身的成长，另一方面还可以提高学前教育教师队伍的专业水平。

第二节　卓越教师背景下
学前教育专业人才实践能力的构成要素

《专业标准》中对学前教育教师的专业发展从师德建设、专业知识、专业能力等方面提出了要求，而学前教育专业人才实践能力的培养则是促成其专业发展的重要内容。学前教育专业人才实践能力的构成要素具体包括知识运用能力、操作技能能力、组织沟通能力三个方面。

一、知识运用能力

知识运用能力是学前专业人才应该具备的重要专业实践能力之一。主要包括以下几个方面（图7-1）。

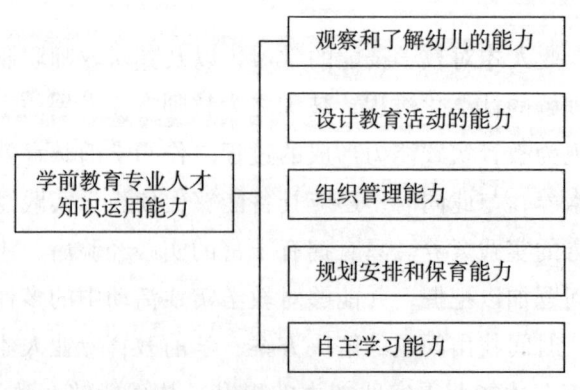

图7-1　学前教育专业人才知识运用能力

（一）观察和了解幼儿的能力

了解幼儿是学前教育教师开展教学活动的一个重要前提，因为只有做到了解幼儿，教师才能因材施教。了解幼儿的途径有很多，其中一个重要的途径就是观察幼儿，这就要求学前教育专业人才具备一定的观察能力，能够及时发现每个幼儿的需要，了解每个幼儿的身心发展特点，然后有针对性地设计教育活动。此外，在实施教育教学活动的过程中，也需要学前教育教师能够敏锐地对幼儿进行观察，一方面了解幼儿的学习情况，另一方面结合幼儿的学习情况发现教育教学活动存在的不足，然后对教育教学活动进行调整，从而持续提高自身的教育教学质量。

（二）设计教育活动的能力

教育活动是整个学前教育的核心，它也是影响幼儿发展的关键因素。的确，幼儿德、智、体、美、劳等各方面素养的发展大多是在教育活动中实现的，这就要求学前教育教师能够设计出高质量的教育活动，以实现促进幼儿全面发展的教育目标。当然，要设计出高质量的教育活动并非一件易事，这需要学前教育专业人才具备较强的教学活动设计能力，能够对具体的教学内容以及幼儿发展的实际情况做充分的考虑，从而设计出既能够激发幼儿兴趣，又能够满足幼儿发展需求的教育活动。

（三）组织管理能力

在学前教育教学活动中，组织管理能力是指学前教育教师组织教学活动和管理班级的一种能力。教育教学的组织管理水平也是影响学前教育质量的一个重要因素，可以想象，一个秩序混乱的班集体很难顺利地完成各项教育活动。所以作为学前教育专业人才，也需要具备较强的组织管理能力。

（四）规划安排和保育能力

学前教育教师的规划安排和保育能力主要包括以下方面：科学规划安排幼儿一日生活内容；能够精心照料幼儿一日生活的饮食起居，协助保育员做好班级常规工作及幼儿保健工作；能够及时应对幼儿园一日生活中各个环节突发的事故和危险场合，掌握基本的事故处理方法，时刻防护幼儿生命安全。

（五）自主学习能力

自主学习能力是个体为了实现个人目标而计划并不断调整自身的各种思想、感情和行动的能力，它包括设置学习目标、专心于学习、使用有效的策略组织概念、有效地使用资源、有效地管理时间、对个人的能力持积极的信念感等各项能力。如果进一步剖析其含义，自主学习能力主要体现在如下四个方面：第一，自我定向的能力。指学前教育专业人才依据自身实际情况设置合理学习目标和学习计划的能力。第二，自我组织能力，包括对学习方法和学习资料的组织运用能力。自主学习离不开学习方法和学习资料的支撑，所以搜集、整理学习资料，并选择适宜的学习方法至关重要。第三，自我管理的能力。在自主学习的过程中，学前教育专业人才需能够对自身行为进行有效的管理，这样才能保证学习计划的有序执行。第四，自我评价的能力。在完成一个阶段的自主学习计划之后，学前教育专业人才需能够对自身学习情况进行比较客观的评价，发现自身存在的不足，然后进行反省和总结。

二、操作技能能力

学前教育专业人才操作技能能力主要体现在课堂教学的组织、多媒体课件的制作、儿童游戏的创编等方面。

（一）课堂教学的组织

课堂教学组织技能是指在课堂教学中，学前教育教师集中幼儿注意力、引导幼儿学习、管理班级纪律、构建和谐教学环境，以促使教学目标实现的一种技能。幼儿课堂教学是通过一定的课堂组织形式来实现的，课堂组织是课堂教学的支点，也是课堂教学活动得以顺利开展的基本保证，而课堂组织是一项复杂的工作，学前教育教师只有具备一定的课堂教学组织技能，才能形成好的课堂组织艺术。课堂氛围是教师和全体幼儿的心理情绪与情感状态在课堂上的整体呈现。在良好的课堂氛围中，幼儿参与学习的状态往往更加积极，对知识的掌握也往往更加牢固，教学效果会更加有保障。因此，在课堂教学中，教师要有效地组织课堂教学，并在课堂教学中随时从幼儿那里获得反馈信息，并及时调整自己的教学行为，使幼儿能够时刻以一种相对饱满的学习状态投入学习活动中，进而打造生动活泼、催人奋进的和谐课堂氛围。

要组织好一堂课，教师在课堂教学中需要做好如下几项工作：课前准备、组织课堂教学过程、组织和指导幼儿课堂学习活动。

1.课前准备

关于课前准备的训练，主要包括熟悉教案、准备教具、酝酿情绪、准时上课等内容。

（1）熟悉教案。认真阅读教案，思考本课将会涉及的板书、板图、教学内容等，尤其要注意各教学环节的衔接，做到对教案了然于心，即使不看教案，也能顺利地组织教学活动。

（2）准备教具。教具是影响课堂教学效果的一个重要因素，在每次上课前，教师都需要结合本课的教学内容准备教具，并对教具逐一进行检查，确保教具能够正常使用。

（3）酝酿情绪。教师应针对情绪的酝酿进行练习，确保走进课堂时能够以一种饱满的情绪状态面对幼儿。

（4）准时上课。教师一定要做到准时上课，可以提前一分钟左右达到教室，提前做好准备。

2.组织课堂教学过程

关于组织课堂教学过程的训练，主要包括两项内容：一是安定课堂秩序，二是完善课堂教学结构。

（1）安定课堂秩序。课堂秩序的良好与否在很大程度上影响着教学的效果，所以学前教育教师需要针对如何安定课堂秩序进行训练。在训练时，教师可从如下三个要点着手。首先，方法必须恰当。在组织课堂教学的过程中，教师可能会遇到幼儿扰乱课堂秩序的情况，此时，教师必须使用恰当的方法，尤其要注意语言和态度是否恰当。其次，要注意因势利导。在安定课堂秩序时，教师应结合不同幼儿的性格特征，因势利导，引导其学会遵守课堂秩序，而不是强硬地管理幼儿。最后，要言传身教。语言教导和自身示范都可以起到教育幼儿的效果，所以在安定课堂秩序时，教师除了对幼儿进行语言教导之外，还需要自身做出示范，引导幼儿向教师学习。

（2）完善课堂教学结构。完整的课堂教学结构有助于达到教学预期，所以在组织课堂教学过程时，教师应注重对课堂教学结构的完善。在训练如何完善课堂教学结构时，教师可从如下两个要点着手。第一，规范课堂教学过程。一堂完整的课包括四个阶段：预备阶段、起始阶段、授课阶段和结束阶段，除特殊情况外，教师应确保课堂教学过程按照上述四个阶段有序展开。第二，合理安排教学内容。由于幼儿的接受能力有限，教师在编排课堂教学结构时，切忌安排过多的教学内容。与此同时，前后教学内容的衔接过渡也需要恰当、合理。

3.组织和指导幼儿课堂学习活动

关于组织和指导幼儿课堂学习活动的训练，主要包括三项内容：组织和指导幼儿听讲、组织和指导幼儿观察、组织和指导幼儿讨论。

（1）组织和指导幼儿听讲。组织和指导幼儿听讲的目的是让幼儿可以专心地听教师讲课，并能够遵照教师的要求迅速投入教学活动之中。组织和指导幼儿听讲主要包括直接指令和间接引导两种方式，这也是学前教育教师训练的两项内容。一项是直接指令。直接指令是指教师直接向幼儿传递指令，要求幼儿认真听讲，不要做小动作。另一项是间接引导。间接引导是指教师不直接向幼儿传递要求认真听讲的指令，而是通过提问、设置任务等形式间接引导幼儿认真听讲。

（2）组织和指导幼儿观察。在组织幼儿课堂学习活动的过程中，常常需要幼儿认真观察一些事物，其目的是让幼儿通过观察直观地感知事物，并形成一定的观察能力。在组织和指导幼儿观察时，应向幼儿讲明观察目的，并引导幼儿进行全面的观察，以达到观察的教学目的。

（3）组织和指导幼儿讨论。在组织幼儿课堂学习活动的过程中，教师也常常需要组织幼儿进行讨论，这样有助于幼儿主体性的发挥，还可以锻炼幼儿的分析能力。组织和指导幼儿讨论主要包括组织和指导全班讨论、组织和指导小组讨论等两种方式。第一种，组织和指导全班讨论。在进行全班讨论时，教师不对幼儿进行分组，幼儿可以两人进行讨论，也可以多人进行讨论，之后幼儿自愿发言，待幼儿发表完自己的意见后，教师予以归纳总结。第二种，组织和指导小组讨论。或由教师对幼儿进行分组，或幼儿自行结组，然后小组内展开讨论，每组选派一位代表发言，发言完后，教师予以归纳总结。

（二）多媒体课件的制作

多媒体课件是指应用多种媒体（包括文字、图片、声音、动画效果和视频媒体等）的新型课件。借助多媒体课件，教师可以将一些用语言无法表达清楚的教学内容（如情境创设、实验演示等），生动形象地展示给幼儿，这不仅有助于幼儿对教学内容的理解，也有助于培养幼儿的学习兴趣，活跃课堂氛围，从而提高教育教学质量。

1.多媒体课件的类别

依据教学活动的特点与需求，多媒体课件可分为演示型课件、娱乐型课件、模拟型课件、学习型课件和练习型课件。其中，前三类课件更适合幼儿园的教育教学，而后两类则相对而言更适合中小学阶段的教育。下面，便针对前三类课件做以简要的介绍（表7-1）。

表7-1　适合幼儿园教学的多媒体课件类型介绍

多媒体课件类别	介绍
演示型课件	演示型课件主要用于课堂教学之中，通常由教师向全体幼儿播放多媒体课件，创设教学情境或进行标准示范等。比如，有些实验由于对实验环境、实验工具的要求较高，不适合在教室展示，此时教师便可以制作演示型课件，为幼儿演示相关的实验
娱乐型课件	娱乐型课件是指基于学科知识，通过游戏的形式，使幼儿掌握该学科的知识，并获得能力发展的一类课件。娱乐型课件不同于单纯的游戏，其目的是寓教于乐，让幼儿在玩乐中获得发展。娱乐型课件要求趣味性较强，游戏规则相对简单
模拟型课件	模拟型课件是指教师借助多媒体展示自然现象或社会现象，供幼儿观察，从而使幼儿在观察中获得能力发展的一类课件。由于幼儿的观察能力有限，在幼儿观察时，教师应予以必要的引导

2.多媒体课件的制作原则

学前教育教学多媒体课件的制作要遵循以下三项原则：信息量适度原则、教学优化原则和画面简约性原则。

（1）信息量适度原则。幼儿的身心发展还不成熟，无论是接受能力，还是理解能力，都相对较弱，所以学前教育教师在制作多媒体课件时，应遵循信息量适度的原则，避免出现多媒体课件信息量过小或过大的情况。多媒体课件的信息量过小则难以达到教学目标，多媒体课件的信息量过大又会给幼儿造成负担，所以教师在制作多媒体课件时，应结合幼儿身心发展特点，并以完成教学目标为导向，设置适度的信息量。

（2）教学优化原则。使用多媒体课件的目的是优化教学，提高教学质量，所以在制作多媒体课件时，教师要将教学优化原则作为一个核心原则。在学前教育教学中，并非所有的课程都需要制作多媒体课件，教师不能"为了制作多媒体课件而制作"，而是要结合具体的教学内容以及教学需求，制作与之相匹配的多媒体课件。此外，在制作多媒体课件时，教师应善于利用多媒体制作软件的功能对课件进行优化，这样也有助于幼儿对内容的理解，从而促进课堂教学质量的提高。

（3）画面简约性原则。画面简约性原则是基于幼儿的认知特点而设定的，因为幼儿的注意力有限，所以教师在制作多媒体课件时，应尽可能地使画面简约，尽可能减少分散幼儿注意力的无效信息。具体而言，多媒体课件制作的画面简约性原则主要体现在三个方面。首先，课件画面上文字的数量不宜过多。幼儿认识的文字还较少，如果画面上文字过多，不仅容易造成幼儿的理解困难，还难以吸引幼儿的兴趣。因此，除了阅读性的材料之外，教师在制作课件时，应减少课件画面上文字的数量。其次，画面布局应突出重点，虽然为了吸引幼儿的兴趣，可以设置一些装饰性的图案，但切忌使用过多，而且尽量不使用动态的装饰图，否则幼儿的注意力容易被装饰图吸引。最后，画面切换的动画设置也不要过于夸张或复杂，以淡入、淡出为主。

（三）儿童游戏的创编

1. 儿童游戏的概念

关于儿童游戏的概念，从不同的角度去看，有不同的解读。

从教育学的角度看，《中国大百科全书·教育卷》将儿童游戏定义为"儿童运用一定的知识语言，借助各种物品，通过身体运动和心智活动，反映并探索周围世界的一种活动"。

从心理学的角度看，《中国大百科全书·心理卷》给出了有关这一概念的界定：从本质上看，儿童游戏属于一种社会性活动，儿童在游戏的过程中能够实现对实际生活的一种反映，通过游戏可以帮助儿童对周围人们的道德面貌、生活情况等进行体验，从而获得一定的直观感受，形成对人与人之间关系的认知。可以说，通过游戏能够帮助儿童建立与周围环境的联系。

从文化学的角度看，儿童游戏是一种自愿的活动或消遣，这种活动或消遣是在某一固定的时空范围内进行的，其规则是游戏者自由选择是否加以接受的，但又有绝对的约束力。它以满足儿童自身需求为目的，并同时使儿童伴有一种紧张、愉快的情感以及对儿童游戏不同于日常生活的意识。[①]

综合上述论述，可以对儿童游戏做出如下界定：儿童游戏是指儿童通过模仿或想象，有目的、有意识、有创造性地反映现实生活的活动，是人的社会活动的初级形式。

2.儿童游戏创编的原则

儿童游戏创编要遵循目标性原则、趣味性原则、适宜性原则、经济性原则。

（1）目标性原则。游戏是幼儿园的基本活动之一，幼儿园的教育任务也较多地隐含于游戏中。教师创编游戏，绝不仅仅是用来"哄"孩子高兴，而是具有一定的教育目的，在游戏中蕴含教育与发展的价值理念。

（2）趣味性原则。趣味性原则是游戏的灵魂，失去了趣味性，游戏也就没有存在的意义了。因此，在儿童游戏的创编过程中，一定要掌握好趣味性原则，使有趣的、生动的元素在儿童游戏活动中得以呈现，以充分激发幼儿的好奇心和参与游戏活动的积极性。此外，要注重游戏与日常生活的密切联系，将生动的、具有趣味性的生活素材进行加工和锤炼，融入儿童游戏的创编过程。

（3）适宜性原则。儿童游戏的创编过程要遵循适宜性原则，结合学前儿童的特点来进行游戏创编，合理把握游戏的难易程度。既不能太难，使幼儿自信心和积极性受到打击，丧失对游戏的兴趣，产生挫败感；又不能太简单，使幼儿觉得没有丝毫的挑战性，那样也会失去游戏活动的意义。

（4）经济性原则。经济性原则指的是教师在创编游戏时，要选择合适的游戏类型，并根据参加游戏的人数、时间、场地、材料等条件，确定合适的

---

① 约翰·胡伊青加.人：游戏者：对文化中游戏因素的研究[M].成穷，译.贵阳：贵州人民出版社，1998:29.

活动方式。当幼儿人数较多时，应避免创编花费时间过多的轮流比赛游戏，以免造成时间的隐性浪费，要尽量创编游戏规则简单、可在较短的时间内调动大部分幼儿积极性的游戏。教师创编游戏时，对游戏场地、器材和道具等的要求不应过高，要因地制宜，充分利用资源，尽可能利用现有的条件创编切实可行的游戏。

三、组织沟通能力

沟通是人与人之间交换信息、相互了解的重要渠道之一。对于学前教育专业人才，沟通能力是其必备的一项实践能力，主要体现在如下三个方面。

（一）与其他教师的沟通

与其他教师进行有效沟通是开展教学合作的一个重要前提，如果缺乏一定的沟通能力，教师之间不能彼此交流有效信息，那么合作的效果也会大打折扣。在与其他教师进行沟通时，要掌握以下原则。

1.平等原则

作为学前教育教师，同事之间的地位是平等的，不能因为职务、任职年限、年龄的不同而导致不平等的口语交际关系出现。进一步来说，骨干教师不能因为自己专业能力强就看不起其他教师；任职年限长的教师不能因为自己资历老就看不起青年教师；班主任不能因为自己在维护班集体方面的作用更大，而看不起任职其他职务的教师。学前教育教师之间虽然可能职务不同、任职年限不同、年龄不同，但教育目标一致，都是为了促进幼儿的发展，所以相互之间要平等对话，共同为了幼儿的发展而努力。

2.真诚原则

作为学前教育教师，同事之间的交际（包括口语交际）要做到真诚。无论是同事之间针对教育教学工作进行交流，还是同事之间相互请求帮助，抑或是同事之间针对彼此存在的问题进行批评，都要做到"真诚"二字，不能虚情假意，对人真诚才能获得其他教师的真诚相待，进而彼此建立起良好的同事关系。

3.语境协调原则

语境协调原则是指学前教育教师在与同事进行口语交际时，要与自身所处的语境相协调，因为所处的语境不同，使用的口语也存在一些差异。比如，在教研活动的语境中，教师要注意其口语风格和书面语风格的有机结合，做到立论鲜明、准确、精要，条理明晰，重点突出，主次分明，态度谦和；而在日常的交谈中，教师则无须考虑口语风格和书面语风格的结合，以简洁地表达清楚观点为宜。

4. 听说结合原则

所谓听说结合的原则，就是学前教育教师在和同事进行沟通时，要将说话和倾听结合起来。

5. 尊重谅解原则

学前教育教师同事之间在口语交际的过程中，要学会尊重对方，包括尊重对方的性格和禁忌。不同的个体往往有不同的性格，而个体的性格类型没有优劣之分，我们不能因为自己性格外向就要求性格内向的教师也变得外向起来，这显然是不尊重对方的行为。而对待同事的禁忌，我们尤其要尊重，不能说三道四，也不能四处打听，只需要尊重对方的禁忌即可。此外，在口语交际的过程中，也会不可避免地发生一些不愉快的事情，比如有教师因为情绪比较激动，说了过重的话，甚至造成言语上的冲撞。面对这种情况，如果被冲撞的教师知道对方不是故意所为，便需要予以谅解，以便交流可以继续深入地进行。

（二）与幼儿的沟通

与幼儿进行沟通是了解幼儿的重要途径，而且通过良好的沟通也能够使学前教育教师和幼儿的关系变得融洽。需要注意的是，学前教育教师和幼儿的沟通是双向的，在和幼儿进行沟通的过程中，教师要引导幼儿大胆说出自己的想法，这样不仅有助于培养幼儿的语言能力、思维能力，还有助于锻炼幼儿的交流能力。在和幼儿沟通时，不仅要注重语言沟通，还需要注重非语言沟通，如目光、身体动作、表情等，这也是学前教育教师沟通能力的一种体现。在与幼儿沟通时要注意以下原则。

1. 肯定性原则

肯定性原则是指学前教育教师在与幼儿沟通时应多使用一些肯定性的话语，以表现对幼儿的信任和鼓励。对幼儿的肯定，不仅能够让幼儿感受教师对自己的尊重和理解，而且也有助于让幼儿树立自信心，这对于激发幼儿的潜能具有非常积极的作用。不可否认，幼儿身上往往存在一定的缺点，但在他们身上也同样具有很多的优点，而且幼儿的很多缺点都是由于幼儿身心发展不成熟导致的，我们并不能用大人的眼光看待这些缺点，这显然是苛刻的。因此，作为学前教育教师，要学会包容幼儿的缺点，多使用肯定性的教育语言，充分肯定幼儿的优点，真诚地对幼儿的进步加以鼓励，从而激发幼儿潜能，增强幼儿的自信心。

2. 民主性原则

民主性原则是指教师在与幼儿进行沟通时，要充分尊重幼儿，不能以命令的口吻去要求幼儿做什么，而应当尊重幼儿的想法和意见。《幼儿园教育指导纲要（试行）》也明确指出，要"创造一个自由、宽松的语言交往环境，支持、鼓励、吸引幼儿与教师、同伴或其他人进行交谈，体验语言交流的乐趣"，要"建立良好的师生、同伴关系，让幼儿在集体生活中感到温暖，心情愉快，形成安全感、信赖感"。而要做到这几点要求，便需要学前教育教师能够秉承民主性的原则，在教育活动中，学会倾听幼儿的心声，了解幼儿的想法，并巧妙地运用教育语言引导幼儿大胆发表自己的看法。

3. 针对性原则

针对性原则主要体现为教育的因人而异。在开展教育活动的过程中，学前教育教师需要面对很多个孩子，这些孩子在年龄、性格、兴趣、能力等多方面都可能存在差异，在与幼儿进行沟通时，学前教育教师只有做到因人而异，才能提高教育的针对性，进而提高教育的质量。以幼儿园中不同年龄阶段的幼儿为例，教师教育语言的针对性原则表现为：针对小班（3～4岁）幼儿，教师应多使用短小的语句，语速慢一些，并且富有情感色彩；针对中班（4～5岁）幼儿，教师可适当丰富句式，并使用一些简单的复句；针对大班（5～6岁）幼儿，教师可以增加一些对于抽象概念的解释，也可以适当使用一些复句。

（三）与幼儿家长的沟通

学前教育教师和幼儿家长合作的重要性不言而喻，而有效的沟通是合作的重要前提。由于幼儿家长和学前教育教师所处的教育地位不同，在沟通时两者需要彼此进行深入的交流，了解彼此的教育情况，以找到家庭教育和学校教育的结合点，从而在有效的合作中促进学前教育质量的提高。在与幼儿家长沟通时，教师需要掌握以下原则。

1.尊重幼儿家长的原则

尊重幼儿家长是学前教育教师与幼儿家长交际时应遵守的第一项原则，因为人与人之间是平等的，教师不能因为幼儿家长所处的社会地位不同而对其区别看待，也不能因为幼儿表现得好坏而对幼儿家长区别对待。对幼儿家长的尊重，应时刻表现在学前教育教师的语言和行为上，即与幼儿家长进行沟通时，对待每一位幼儿家长，教师都需要做到一视同仁，充分尊重。

2.平等交流的原则

在学前教育教师与幼儿家长进行交流的过程中，有时会出现不平等交流的情况，该情况主要存在于两种交际环境中。一种是个别学前教育教师在心理上占据优势地位，认为自己掌握了比较完整的教育理论，在教育幼儿上自己是权威，幼儿家长需要按照自己的意见去教育幼儿。另一种是一些幼儿家长在心理上占据优势地位，这种类型的幼儿家长通常接受过高层次的教育，甚至有些家长对幼儿教育也有一定的了解，因而有时态度表现得比较强硬，会将自己的观点强行附加给学前教育教师。上述两种情况都不利于学前教育教师和幼儿家长的交流，也不利于学前教育质量的提高。学前教育教师和幼儿家长进行交流是非常有必要的，而且在交流的过程中，彼此之间也可以交换意见，但每一方都切忌将自己摆在优势地位，而应彼此之间平等地进行交流。

3.客观公正的原则

学前教育教师与幼儿家长沟通的一个重要目的就是反映幼儿在幼儿园等学前教育场所的情况，这是学前教育教师的义务所在，与此同时，这也是学前教育教师和幼儿家长共同配合做好学前教育工作的一个重要环节。学前教育教师在向幼儿家长反映幼儿的情况时，应秉承客观公正的原则，如实反映幼儿情况。针对幼儿身上的优点，教师要表示充分的肯定，但同时也要指出幼儿身上存在的问题，这样更有利于学前教育教师与幼儿家长的配合，从而促进幼儿的成长与发展。

4.听说结合的原则

在与幼儿家长沟通的过程中，教师不能一味地诉说，还需要倾听幼儿家长的想法，这既是对幼儿家长尊重的表现，也是双方之间进行有效合作的重要基础。因此，学前教育教师在与幼儿家长交际时，要秉承听说结合的原则，既要积极表达自己的想法，也要认真听取幼儿家长的想法。在聆听时，教师应用眼神注视幼儿家长，并表示对幼儿家长谈论话题的关注，同时通过点头、"嗯"等方式表示对幼儿家长的肯定。此外，学前教育教师可以结合幼儿家长的言谈提出一些问题，以此促进谈话的进一步深入。

5.灵活应变的原则

灵活应变原则主要体现在两个方面。一方面，是学前教育教师与家长沟通时应结合谈话的实际情况进行变通，因为在与幼儿家长进行交谈的过程中，很可能会出现一些突发情况，教师需要做到灵活应变。另一方面，不同类型的幼儿家长在综合素养和性格等方面存在较大的差异，在进行沟通时，学前教育教师需要结合不同类型幼儿家长的特质进行灵活变通。比如，和性格开朗的家长交谈，就需要直言、中肯，不应含糊其辞、拐弯抹角；和性格内向的家长交谈，就需要委婉、含蓄，不应话锋犀利、咄咄逼人；和善于交流、侃侃而言的家长交谈，就需要认真倾听，准确捕捉其"言外之意"；和惜言如金、少言寡语的家长交谈，就需要直截了当、简明扼要，不应滔滔不绝、夸夸其谈。

第三节　卓越教师背景下
学前教育专业人才实践能力培养体系的构建

学前教育专业人才实践能力的培养需要从培养目标及分层培养计划、能力结构、课程模块、课程实施思路、评价体系、校内外实践基地平台建设等五方面进行整体规划，进而构建系统完善的学前教育专业人才实践能力培养体系。

一、培养目标及分层培养计划

（一）培养目标

学前教育专业人才实践能力培养目标需要厘定，即能够在学前教育理念的指引下，运用所学专业知识和专业能力，在幼儿园课堂等实际教学情境中创造性地分析和解决问题，及时满足幼儿发展需要，促进幼儿健康全面发展所必备的学前教育教师素养和品质。

（二）分层培养计划

学前教育专业人才实践能力培养应该按照合格型、成熟型、研究型等人才类型，制定不同的培养计划。针对合格型的学前教育专业人才，可以由经验丰富的教师进行一对一的指导，对教学目标的确立、教学方法的选择、教学过程的设计，以及课件制作等环节，进行详细的、全程性的指导。针对成熟型的人才，可以让其独立承担教学工作，完成教学环节的各项基本工作。与此同时，通过观摩学习、向经验丰富的教师请教，促进自身实践能力的提升。研究型人才在独立完成课程教学的同时，能够灵活采用各种教学方法，教学效果良好，针对研究型人才，应要求其主动承担对合格型、成熟型人才的培养工作，以促进实践能力的共同进步和提升。学前教育专业人才实践能力培养应该为每位学生制订具体的个人专业发展目标，通过多种形式的培训与教研活动，充分挖掘每位学生的潜能，使其能够沿着适合自己的台阶向上攀升。

二、专业实践能力结构

学前教育专业人才的专业实践能力是其专业特质的重要标志，是使其区别于中小学教育工作者的显著特征之一，为此学前教育专业人才培养应突出实践取向。《专业标准》也多次重申树立"能力为重"的基本理念，要求幼儿园教师应将理论与实践相结合，用科学的学前教育理念武装自己，具备基本的保教知识和技能，凸显保教技能的运用性；在研究幼儿身心发展规律的基础上，不断深入专业实践，模拟真实幼儿园教学情境，深入幼儿园教学现场不断体悟学前教育实践教学技能及知识运用，在实践中感受学前教育专业的实践价值与意义。因此，高等师范院校在办学过程中应以岗位实践能力为要求和指引，以促进学前教育专业学生职业能力发展为宗旨，观照《专业标准》中对学前教育教师职业素养的要求，特别是学前教育教师实践技能水平的专业标准，明确学前教育专业人才的实践教学能力应达到何种水准。笔者将卓越教师背景下学前教育专业人才的专业实践能力结构解析为：设计和实施教育活动的能力，如五大领域的集体教学活动、幼儿园游戏活动的组织和引导、组织和引导幼儿一日生活的能力、幼儿园环境创设和利用的能力、与幼儿沟通和协调的能力。

三、实践能力为主线的课程模块

传统的学前教育专业实践课程在实施过程中倾向于注重技能和技艺方法的训练，而忽视专业人才艺术修养的形成，导致学前教育专业培养的学生单纯成为技能技艺的载体而缺乏艺术修养，并造成学前教育教学艺术素养的欠缺。为了更好地促进学前教育专业学生职业素能的养成，回归学前教育本真，实现学前教育专业人才职业生涯发展的终极目标，应坚持以学前教育教师专业实践能力为核心取向，以不断增强学前教育教师职业效能感为基本着力点，培养卓越的学前教育教师。按照"专业教育＋教师教育"的双专业特点，在弥补学生普遍存在的学前教育专业实践教学能力连贯性、系统性缺乏的基础上，再结合对具体高等师范院校学前教育专业实践能力结构的准确定位，系统全面打造学前教育专业人才的实践教学素能，形成"一个中心""六项能力"的专业素养打造基本思路。"一个中心"是指以围绕学生学前教育专业实践能力为核心，全面提升学生学前教育专业素养，进而实现培养掌握现代学前教育理念和过硬的专业技能技艺，集理论与实践于一体的理论扎实、技能过硬的学前教育专业人才的终极目标。"六项能力"主要指学前教育专业人才应具备设计和实施教育活动的能力，包括五大领域的集体教学活动、幼儿园游戏活动的组织和引导、组织和引导幼儿一日生活的能力、幼儿园环境创设和利用能力、与幼儿沟通与协调能力、反思与发展能力等。实践课程模块主要用以培养学生的上述六项能力。具体包括儿童发展与学习模块、教育活动设计与组织模块、幼儿园与家庭和社区模块、教师自我成长模块等四大模块。以学前教育专业实践能力为总领，形成模块之间彼此独立又相互连接的实训课程，由学前教育专业教师通力合作制定教学大纲，将每一门课程的实训内容落实到基本的实训单元，实训单元内分别包括知识训练、技能训练等内容。以此安排实训内容可以有效规划、设计实践训练知识点和技能训练点，使实训内容更加清晰，标准化、条理化、客观化。从而使学生更加清楚自己的知识技能现状，逐一对照，逐步摸排解决，使得学生专业实践能力的培养路径更加明晰。

四、实践能力为主线的课程实施思路

根据学生认知和实践能力规律，以及学前教育专业实践能力养成规律，从宏观和微观设计实践教学课程，点—线—面相结合，形成专业实践能力学习的思维导图，促使实践课程系统化，凸显学前教育实践教学能力的培养特点。如以学前教育教师工作中可能遇到的问题为切入点，引导学生设计相应的教学情境；或针对不同的教学情境，让学生设计幼儿园教学流程。不同的教学情境、风格迥异的幼儿、多样性的教学材料，组成精彩纷呈的课堂风采，形成多变的教学风格，在具体实际的教学情境中，锻炼学生设计和组织完整教学的能力，在千变万化的问题和情境中，让学前教育专业学生把握解决问题的路径和规律。具体实施思路为以学生为主体，以行动为取向，初步构建的"125"课程实施模型。"1"指的是一个指导思想：以就业为导向，以职业为载体的人的全面发展。"2"指的是两个具体的实施原则：一是依据行动体系重构学科体系，二是将课程过程转化为知识应用的过程。"5"指的是课程实施策略分五步走，即：一是剖析案例能力，通过抛出幼儿园实际教育教学工作案例，锻炼学前教育教师分析解决实际问题的实践能力；二是精选课程内容，依据实践项目能力要求重组和优化设计学前教育专业课程内容；三是制订操作性计划，根据课程内容，结合幼儿园教学实际，组合不同教学问题情境，进而形成模块化的学习情境，锻炼实际解决问题的能力；四是实施教学方案，让学生在自我设计教案的基础上，开展试教模拟，根据自身经验探索比较不同解决问题方案的优势和不足，形成对学前教育专业理论的体悟，找到符合先进教学理念的教学模式；五是评价反思，根据学生提出的解决问题的方案，多元化视角评价每一学习情境目标实现策略的优劣，综合评价学生的实践能力。"125"课程实施模型强调每一个学习情境都是一个完整的实际工作过程，在这一过程中，通过学生的自我发现问题、自我制定教学目标、自我设计教学实施方案，自主探索、自我学习，不断领悟学前教育教学精神内核，使学生学会思考，学会发现、解决问题，最终提高其专业实践能力。

通过实践教学课程的实施，学生经历自我设计、自我组织实施、自我探索、自我解决问题这一完整的教学流程，并在实际教学流程中体会幼儿园教学的真实情境，从而促进自身实践教学水平的提高。这种"通用型"课程实施模型具有由具体到一般、从实践到理论的特点，学生掌握体认幼儿园教学由具体到一般的规律，进一步探索学前教育教学的一般规律，避免了长期的幼儿园实习、见习所耗费的时间和精力，在提高学生实践教学水平的同时也提升了学生的理论水平。

五、实践能力评价体系

建立一套科学合理的实践能力评价体系，一方面可以激发学生提高自身专业实践能力的积极性，另一方面也能规范引导专业人才培养的整个过程。在卓越教师背景下构建起来的学前教育专业学生实践教学能力培养体系，较具代表性的是"1234"专业实践能力评价体系。"1"是指一个指导中心：夯实专业实践能力，全面拓展学生素质；"2"是指两支教学质量评价团队，即包括校内指导教师和校外（幼儿园）指导教师在内的教师团队与学生团队，实现评价主体的多元化；"3"是指三个实践技能训练平台，即校内实习实训模拟教室、学校社团活动、不定期的幼儿园实习见习；"4"是指四项指导方案，以规范每种实践技能训练平台效果为目的，分别形成《校内实习实训指导方案》《个人专业技能成长方案》《教育见习指导方案》《教育实习指导方案》等指导性文件。通过四步走的实践方略，全方位、全过程、全员参与地跟踪学生的实践能力养成情况，发现问题，及时补救，切实提升学生的专业实践能力。坚持多元化的评价方法，在实践技能考察考试过程中，不断将量化考察指标标准化、操作规范化，从而提升评价效果反馈的针对性，不断改进传统教学效果评价方式，注重过程性评价与结果性评价相统一、理论考核与实践考核相结合，实现教考分离，提高教学效率，突出实习报告展示与会演的常态化和制度化。通过"1234"实践能力评价体系，高等师范院校为学生实践教学能力的形成进一步夯实了基础。

六、校内外实践基地平台建设

（一）校内实践基地的建设

校内实践基地在学前教育专业人才实践能力培养中主要承担着日常教学的实习和仿真模拟练习的载体作用。校内实践基地的建设要结合学前教育专业人才培养的需要，在建设钢琴室、舞蹈室、合唱室、手工室及幼儿园综合活动模拟实验室的基础上，可进一步升级，建成数码钢琴房、管乐团、民乐团、蒙台梭利教室、奥尔夫音乐教室、育婴实训室等。学前教育专业人才实践能力培养校内实践基地的建设涉及多方面的问题，如何才能发挥校内实践基地建设的作用，以切实提高学前教育人才的实践能力，是其中的核心问题之一。校内实践基地的建设是一个巨大的工程，非一朝一夕可以完成，必须以脚踏实地的务实精神，一步一个脚印地循序渐进，有步骤、有计划地逐项完成。

（二）校外实践基地建设

校外实践基地是学前教育专业人才实践能力训练平台的重要组成部分，是促进学前教育专业人才职业能力和综合素质全面提升的实践训练平台，同时，校外实践基地建设也是实现学前教育事业可持续发展的有效途径。校外实践基地能够补充校内实践基地在设备、场所、功能等方面存在的不足，有效缓解校内实践基地经费紧张、空间不足等方面的问题。可以通过校企联姻，建设好校外实践基地。

另外，学校还可通过建立实体化教室和数字化教室等方式，促使专业教师改变教学模式，精讲理论，给实践教学留出更多的时间；引导专业教师开展项目教学、案例教学、场景教学、模拟教学和岗位教学，通过数字仿真、虚拟现实等信息化方式，在教学中应用现代信息技术，通过多种渠道系统优化教学过程，增强教学的实践性、针对性和实效性，提高教学质量。此外，也可聘请行业内部的专业人才担任兼职教师。许多成功经验表明，注重从企业聘请专业人才、能工巧匠到学校里担任兼职教师，可有效提升高等师范院校学前教育专业教学效果，通过兼职教师与专任教师之间的交流能够弥补专业教师专业实践能力经验方面的缺陷。

　　总之，学前教育专业人才实践能力的培养是促使学前教育专业人才培养能够取得成效的关键，只有努力提高学前教育专业人才的实践能力，才能为其以后的专业发展打下坚实的基础，进而培育出更多的卓越幼儿园教师，推动我国学前教育事业的进一步发展。

参考文献

[1] 李娟 . 高校学前教育专业教学与人才培养模式探索与实践 [M]. 北京：北京工业大学出版社 .2018.

[2] 娄小韵 . 产教融合背景下学前教育专业人才培养模式研究 [M]. 长春：吉林人民出版社 .2020.

[3] 肖加平等 . 学前教育专业人才培养共同体建设的研究与实践 [M]. 苏州：苏州大学出版社 .2022.

[4] 相艳 . 学前教育专业人才培养的理论与实践研究 [M]. 长春：吉林人民出版社 .2017.

[5] 段向琼 . 高校学前教育专业教学与人才培养模式探索与实践 [M]. 北京：北京工业大学出版社 .2020.

[6] 刘揖建，肖全民，杨彦 . 学前教育专业"道技融合"型人才培养模式探索 [M]. 南宁：广西民族出版社 .2018.

[7] 纪妍，孙美静 . 学前教育专业人才培养方案 [M]. 沈阳：沈阳出版社 .2014.

[8] 樊春艳 . 学前教育专业嵌入式人才培养方案探究与实践 [M]. 沈阳：沈阳出版社 .2014.

[9] 陈建梅 . 新时期的学前教育人才培养浅析 [J]. 教育科学（全文版）.2016(2)：176.

[10] 谷婧 . 以职业能力为导向的学前教育人才培养实践 [J]. 职业 .2020(1)：44-45.

[11] 沈娇 . 职教集团背景下学前教育人才培养模式初探 [J]. 发明与创新（职业教育）.2020(4)：142-143.

[12] 丁亚红，乔丽红，白芳，等 . 当前学前教育人才培养现状的调查研究 [J]. 求学（教学教研版）.2020(1).

[13] 张丹枫 . 创新学前教育人才培养模式的几点思考 [J]. 教育现代化 .2020，7(92)：42–45.

[14] 杨晓玲 . 针对农村早教市场的学前教育人才培养研究 [J]. 中国市场 .2020(5)：182–183.

[15] 蔡宗秀 . 浅谈非师范类本科院校学前教育人才培养的问题及对策 [J]. 学周刊 .2019(11)：13.

[16] 周燕 . 论人本主义思想对高职学前教育人才培养的启示 [J]. 好家长 .2018(63)：234.

[17] 刘莎莎，张丽群 . 高素质技能型学前教育人才培养探究 [J]. 西部素质教育 .2016，2(24)：56，58.

[18] 侯艳，薛岗 . 从社会发展角度看学前教育人才培养事业：评《学前教育教师发展：取向与路径》[J]. 教育理论与实践 .2022，42(24)：65.

[19] 商晶 . 高职特殊教育学前教育人才培养模式研究 [J]. 科教导刊 .2018(21)：54–55.

[20] 韩笑，马丽枝 . 大数据背景下学前教育人才培养的路径探析 [J]. 新课程研究 .2018(36).

[21] 冯璇坤，李雪艳 ."3+4"学前教育人才培养模式的问题与对策研究 [J]. 求知导刊 .2018(25)：142–143.

[22] 杨新星 . 高素质技能型学前教育人才的培养模式初探 [J]. 小作家选刊 .2018(2)：268–269.

[23] 张娜娜 . 高职艺术型学前教育人才培养模式构想：基于《幼儿园教师专业标准（试行）》和《教师教育课程标准（试行）》[J]. 现代职业教育 (中职中专).2018(2).

[24] 孟黎 . 探究针对农村早教市场的学前教育人才培养策略 [J]. 女报 (家庭素质教育).2020(1)：149.

[25] 顾丽梅 . 基于"园校合作"培养模式研究学前教育人才培养的思路 [J]. 新智慧 .2017(7)：15–16.

[26] 张慧敏，叶存洪 . 混龄教育背景下学前教育人才培养模式改革探索 [J]. 文教资料 .2017(21)：136–137，123.

[27] 赵丽 . 基于"转型发展"下高校学前教育人才培养模式重构的思考 [J]. 科教导刊 (电子版).2018(28)：7–8，19.

[28] 李立新，赵丽．"专业标准"背景下学前教育人才培养模式的思考 [J]. 石家庄职业技术学院学报 .2013(1).

[29] 赵婷婷，王晨．CDIO 教育理念下独立学院学前教育人才培养研究 [J]. 新智慧 (中旬刊).2018(6).

[30] 林阳慧．企业新型学徒制下学前教育人才培养模式的探索 [J]. 职业 .2018(4)：50–51.

[31] 张青瑞．"校""园"合作：学前教育人才培养模式新探 [J]. 内蒙古师范大学学报 (教育科学版).2013(6)：81–83.

[32] 薛祖华．关于制定五年制学前教育人才培养方案的几点思考 [J]. 课程教育研究 (学法教法研究).2018(34)：59.

[33] 田萍萍．幼儿园教师的职前培养对幼儿园课程建设的影响：基于高职学前教育人才培养视角 [J]. 山海经 (教育前沿).2019(11)：412，418.

[34] 王会明．"能力本位论"的高职学前教育人才培养途径 [J]. 山东商业职业技术学院学报 .2016(5)：15–18，103.

[35] 徐青．高素质技能型学前教育人才培养模式探析 [J]. 教育与职业 .2010(9)：174–175.

[36] 程志龙，赵洁．转型发展视野下本科学前教育人才培养方案优化研究 [J]. 蚌埠学院学报 .2017，6(3)：139–144.

[37] 董灵芝．分层次培养是提高学前教育人才培养质量的重要途径 [J]. 课程教育研究 (学法教法研究).2017(19)：34–35.

[38] 林浩亮．新形势下高等院校应用型本科学前教育人才培养的思考 [J]. 东方教育 .2017(15).

[39] 但菲．"三性合一"：学前教育人才培养模式改革探索 [J]. 辽宁教育 .2015(4)：61–63.

[40] 陈兴华．教师实践性知识的形成与应用型学前教育人才的培养 [J]. 幼儿教育 .2013(33)：36–39.

[41] 梁钊华．全实践教育理念下高师学前教育人才培养模式的新思考 [J]. 玉林师范学院学报 .2012(1)：125–129.

[42] 陈凤玉．基于支撑平台的学前教育人才培养探索 [J]. 学前教育研究 .2014(12)：64–66.

[43] 韩雪梅，李霞，王丽敏，等 . 本科层次学前教育人才培养模式发展趋势 [J]. 教书育人 .2013(36)：16–17.

[44] 朱玉红 . 生涯教育视角下学前教育人才培养的新策略 [J]. 学前教育研究 .2013(3)：67–69.

[45] 陈兴华 . 教师实践性知识的形成与应用型学前教育人才的培养 [J]. 幼儿教育（教育科学）.2013(11).

[46] 李艳 . 学前教育专业人才培养模式探究 [J]. 知识窗 (教师版).2020(6)：82–83.

[47] 陈岩 . 谈学前教育专业人才培养 [J]. 辽宁师专学报 (社会科学版).2020(5)：68–69.

[48] 张冬霞，李玉峰，左俊楠，等 .OBE 理念下学前教育专业人才培养模式探析 [J]. 张家口职业技术学院学报 .2022，35(2)：29–31.

[49] 强巴央珍，刘肖月，钱雪蕾 . "新文科" 视域下学前教育专业人才培养体系 [J]. 科幻画报 .2022(6)：219–220.

[50] 李英 . 高职院校学前教育专业应用型人才培养的探讨 [J]. 长江丛刊 .2021(36)：109–110.

[51] 马琳 . 学前教育专业人才培养质量监测及提升的体系建构 [J]. 江西电力职业技术学院学报 .2021，34(9)：100–102，104.

[52] 王迪，唐守冬 . 高校学前教育专业人才培养方案研究 [J]. 中外企业家 .2020(16)：173.